© Eduardo Freire, 2024
Todos os direitos desta edição reservados à Editora Labrador.

Coordenação editorial PAMELA J. OLIVEIRA
Assistência editorial LETICIA OLIVEIRA, JAQUELINE CORRÊA
Projeto gráfico, diagramação e capa AMANDA CHAGAS
Diagramação ESTÚDIO DS
Consultoria de escrita Central de Escritores ROSE LIRA, GABRIELLA MACIEL FERREIRA, JACKELINE AMORIM, ELIS ALENCAR, MÁRCIO MOREIRA
Preparação de texto LÍVIA LISBÔA
Revisão BRÁULIO FERNANDES JUNIOR

Dados Internacionais de Catalogação na Publicação (CIP)
Angelica Ilacqua - CRB-8/7057

FREIRE, EDUARDO
  Project thinking : abordagem de gestão centrada em pessoas / Eduardo Freire. – São Paulo : Labrador, 2024.
  144 p.

  ISBN 978-65-5625-524-8

  1. Administração de projetos 2. Gestão de pessoas I. Título

24-0227   CDD 658.404

Índice para catálogo sistemático:
1. Administração de projetos

Labrador

Diretor-geral DANIEL PINSKY
Rua Dr. José Elias, 520, sala 1
Alto da Lapa | 05083-030 | São Paulo | SP
contato@editoralabrador.com.br | (11) 3641-7446
editoralabrador.com.br

A reprodução de qualquer parte desta obra é ilegal e configura uma apropriação indevida dos direitos intelectuais e patrimoniais do autor.
A editora não é responsável pelo conteúdo deste livro.

O autor conhece os fatos narrados, pelos quais é responsável, assim como se responsabiliza pelos juízos emitidos.

EDUARDO FREIRE

PROJECT THINKING

*fwk * gestão * projetos * inovação*

**ABORDAGEM DE GESTÃO
CENTRADA EM PESSOAS**

Labrador

Dedico esta obra à minha mãe, Fátima Freire, por ter me ensinado, desde o início da minha vida, a importância da leitura para fomentar a criatividade e a inovação, bem como por me apoiar sempre, mesmo não concordando com minhas escolhas; à minha esposa, Juliana Filizola, por ser minha inspiração diária e meu apoio incondicional durante todo o processo de escrita deste livro e da minha vida; às minhas filhas, por demonstrarem constantemente o que é um amor incondicional; e ao grande arquiteto Antoni Gaudí, cuja arte, inspirada na natureza, empatia e construção de legado são uma constante fonte de inspiração para mim. Este livro é dedicado a vocês, que me ensinaram a importância de inovar, e de tornar as pessoas o centro da gestão, para alcançarmos grandes objetivos na vida.

AGRADECIMENTOS

Agradecer deveria ser uma constante em nossas vidas, por isso agradeço a todos aqueles que contribuíram para a realização deste livro/filho sobre um tema com o qual venho trabalhando, aprendendo, errando e estudando, ao longo de tantos anos.

Agradeço aos meus familiares e amigos por me apoiarem e me inspirarem durante todo o processo de escrita.

Agradeço aos sócios e meus/minhas companheiros(as) de trabalho e parceiros de negócios por suas contribuições e ideias valiosas, que ajudaram a enriquecer este livro.

Agradeço aos meus professores (Hermano Perreli, Heraclio Bastos, Marilda Rocha, Minarelli e Xavier) e mentores (Janivaldo, Edu Carmello e outros) por me guiarem e me ensinarem sobre a importância da inovação na gestão de negócios.

E, por fim, agradeço aos leitores e leitoras, que se dedicam a explorar novas ideias e abordagens para alcançar o sucesso único e individual. Espero que este livro possa inspirá-los a explorar novos horizontes e inovar em seus próprios empreendimentos.

SUMÁRIO

Prefácio — 11
Prólogo | SER E FAZER A DIFERENÇA — 15

CHALLENGE
Capítulo 1   O DESAFIO — 25
Capítulo 2   A BUSCA — 29
Capítulo 3   OS ELEMENTOS — 32
Capítulo 4   A INSPIRAÇÃO — 36
Capítulo 5   A VISÃO — 39

PROJECT THINKING
Capítulo 6   OS PORQUÊS — 43
Capítulo 7   PROJECT THINKING — 48
Capítulo 8   EMPATIA — 52
Capítulo 9   MATERIALIZAÇÃO — 59
Capítulo 10 ELABORAÇÃO — 64
Capítulo 11 IMPLEMENTAÇÃO — 68
Capítulo 12 EVOLUÇÃO — 76

PROJECT SPRINT
Capítulo 13 OS COMOS — 85
Capítulo 14 PROJECT SPRINT — 91
Capítulo 15 PRÉ-REQUISITOS — 97
Capítulo 16 EMPATIA — 105
Capítulo 17 IDEALIZAÇÃO — 111

Capítulo 18   MATERIALIZAÇÃO ———————— 117
Capítulo 19   ELABORAÇÃO ——————————— 122

Epílogo | SOU E FAÇO A DIFERENÇA ————— 133
Case de sucesso – CTG Brasil ———————————— 137

PREFÁCIO

Sou apaixonado por Design Thinking e por projetos de transformação dentro das organizações.

Criar soluções para o mundo é um desejo de líderes visionários, que utilizam o aprendizado e a inovação contínua para abraçar a excelência e a sustentabilidade.

Um projeto de transformação é como uma jornada fascinante, onde cada passo revela novas possibilidades e horizontes inexplorados. Sua beleza reside na capacidade de conectar pessoas, ideias e propósitos, convertendo desafios em oportunidades e incertezas em criatividade aplicada. Se parece com uma dança harmoniosa e respeitosa entre a inovação e a tradição, guiada pela inspiração e pela colaboração, onde a verdadeira essência humana floresce. Em seu âmago, um projeto de transformação é uma obra de arte, que tem como objetivo melhorar a vida das pessoas, clientes, empresas e funcionários.

São esses projetos que nos ajudam compreender a importância estratégica e existencial de "colocar as pessoas no centro", de dar forma à uma gestão organizacional desenhada para que os talentos possam pensar, engajar, trabalhar e criar possibilidades. Desenhar futuros promissores.

Eduardo Freire apresenta o Project Sprint® como um método imersivo, que combina talentos na experimentação de novas soluções para problemas prioritários. Ele pede a criação de equipes multidisciplinares temporárias e a utilização de estratégias ágeis para a finalização de um desenho visual do pré-projeto de forma colaborativa.

Há tantos insights e aprendizados relevantes neste livro! Mas, se pudesse sintetizar o que mais me marcou na escrita do Edu Freire, é o compromisso genuíno com a melhoria da vida das pessoas.

Em cada fase do projeto, há sempre as perguntas essenciais: estamos mesmo mudando para melhor a vida das pessoas? Sabemos profundamente o que elas querem e precisam? Entregamos impacto ou mesmices?

A empatia está presente em toda a jornada de crescimento e diferenciação.

O Project Thinking ajuda líderes e equipes no complexo trabalho de nivelar os pontos de vista em relação à expectativa de performance, tanto do cliente como do time, usando valores essenciais como evolução, transparência e adaptabilidade. Ele é capaz de gerar uma alta qualidade de foco e concentração no trabalho, engajando os talentos a descobrirem como utilizar o melhor do seu tempo e inteligência para produzir soluções inovadoras.

Como disse Carlos Drummond de Andrade, citado neste livro, *"Perder tempo em aprender coisas que não interessam priva-nos de descobrir coisas interessantes"*.

Para se tornar alguém interessante, é preciso se interessar profundamente por pessoas. Criar relacionamentos significativos, expandir a visão de mundo e ter uma sólida compreensão dos verdadeiros desafios e oportunidades do mundo atual.

Leia atentamente o prólogo *Ser e fazer a diferença*.

"*Se você pensar 'calma aí, tem um maluco que está entregando resultados, fazendo algo com um grupo de pessoas que também estão fazendo e gerando resultados e, consequentemente, todos crescendo juntos', então... será que eu também posso fazer isso?*"

A resposta é sim. Este livro lhe mostrará como pensar e criar valor para as pessoas e organizações, aumentando seu grau de destaque e desejabilidade.

Leia. Inspire-se. Crie projetos e soluções de alto impacto.

Nos vemos no "play".

Eduardo Carmello – palestrante, consultor e design thinker. Founder da Entheusiasmos Consultoria em Talentos Humanos

"Os dois dias mais importantes da sua vida são: o dia em que você nasceu e o dia em que você descobre o porquê."
MARK TWAIN

PRÓLOGO

SER E FAZER A DIFERENÇA

O insight inicial do livro que está em suas mãos veio de dois projetos específicos.

Em um deles, eu precisava estruturar o escritório de projetos e a plataforma de uma grande companhia nacional. Porém, eu e minha equipe acabamos focando tanto o fluxo do processo que não conseguimos entregar os resultados esperados pelo cliente, uma vez que a própria solução não parecia funcionar. Criamos o *template*, um modelo padrão, e a ferramenta, mas ninguém parou para pensar se as pessoas gostariam realmente de fazer a gestão de projetos daquela maneira que sugerimos e apresentamos.

"Poxa, fizemos um trabalho tão massa que está se apagando, porque esquecemos de trazer as pessoas para dentro dele", foi o que pensei de cara, em uma das minhas primeiras percepções sobre o assunto.

No segundo projeto, aconteceu exatamente o contrário. Era uma empresa de inovação, ciência e tecnologia que estava automatizando tudo. Fazendo mais do mesmo, esperando um resultado diferente. No meio da reunião com os gestores, com os slides abertos, interrompi para perguntar se o que sairia no final do projeto seria inovador, como era a proposta da instituição. A recepção não foi das melhores, mas sinto que comecei a mudar minha mente ali.

Para complementar esses questionamentos, veio meu mestrado. Das 35 páginas que escrevi para o pré-projeto, trinta delas falavam das pessoas, dentro de um curso de computação, onde eu supostamente deveria focar, mais uma vez, o processo. Percebe como, apenas falando sobre isso, já soei monótono? Para mim, o que aconteceu em seguida foi inevitável.

Quando comparava a maturidade em processo e a validação da gestão, percebia que estava, no final das contas, simplesmente comparando pessoas, e isso me soava extremamente errado. Como poderia ignorar as particularidades de cada um e só focar o óbvio?

Ouvi do meu orientador que estava no mestrado errado, enquanto ele rasgava tudo o que eu havia escrito, bem ali na minha frente. *"Edu, esse projeto só serviu para a primeira fase do mestrado... Você precisa devolver algo para a sociedade. Esse é o seu papel de empreendedor. Se fosse para desenvolver algo para ficar só nas prateleiras da Academia, você não deveria ter vindo para cá"*.

Notar que não entregava valor para os clientes, juntamente com o incômodo de não levar resultado para as pessoas, me fez buscar justamente o que esse professor disse ser muito difícil: mudança.

> Tem coisas na vida que demoramos um pouco para aprender, e somente a experiência traz o aprendizado.

> **Na verdade, arrisco dizer que, quanto mais experiência ganhamos, mais aprendemos a desaprender.**

Às vezes, focar somente os processos e as ferramentas nos faz perder toda a riqueza que a conexão traz em nossas relações.

Sabe aquele sentimento de troca entre pessoas? É isso que transforma o ambiente. Na verdade, a experiência inteira. Eu considero a gestão centrada em pessoas uma inovação, porque você percebe o efeito nas pessoas. Não mais somente nos *resultados*.

Por exemplo, o *resultado* pode ser "pessoas mais felizes" e, consequentemente, motivadas a trabalhar ou conectadas com o propósito do *job*, assim como com as ações necessárias para desempenhá-lo. Então, por que não falar disso? Por que não explicar, para outros, o poder dessa transformação na gestão?

Por mais piegas que possa parecer, é a gestão transformadora que faz a diferença, no final do dia.

Com toda a vivência que tenho, agora quero ajudar mais pessoas a compreender isso. Se alguém pensar *"Calma aí, tem um maluco que está entregando resultados, fazendo algo com um grupo de pessoas que também estão fazendo algo e gerando resultados e, consequentemente, todos estão crescendo juntos, então... será que eu também posso fazer isso? Será que posso me acolher e acolher ao próximo?"*; se alguém pensar isso, *então* tudo o que eu disser aqui valeu muito. Se este livro impactar uma única pessoa e ela conseguir transformar o espaço ao seu redor, estarei feliz.

Este livro é um retrato de como sou e do meu desejo de tocar positivamente a vida de um outro. É um livro dinâmico, quase coletivo. A mistura da minha habilidade e conhecimento deve refletir diretamente no know-how do leitor e, por isso, fazer sentido. É uma forma romanceada de mostrar uma metodologia, claro. Um estilo romanceado de escrita empresarial une a inovação com a humanização; e não é disso que se trata?

Eu espero que você que lê esta obra, agora, perceba que toda a jornada pode ser feita com ferramentas e processos, e que estes precisam de prática.

O meu maior desejo com este projeto — já que um livro não deixa de ser exatamente isso — é que, daqui a um tempo, alguém aponte esta obra e diga que foi por causa dela que mudou o próprio olhar e aprendeu a tangibilizar seus resultados.

Atualmente, vivemos um fenômeno diferente: o mercado está com o que chamo de "propositite". A busca quase doentia por um propósito mágico em tudo o que se faz. Entendo que a conexão com o propósito faça muita diferença, mas vivemos em um mundo capitalista; algo que não podemos ignorar. É mais ou menos assim: todo mundo quer um propósito, mas não quer tirar a nota fiscal dele.

Não há ainda uma cura ou resposta clara para esse problema. Mas é fato que a gestão centrada em pessoas nos permite dizer por que estamos fazendo algo e para quem. Portanto, neste ponto, precisamos falar sobre os pilares essenciais e esmiuçar essa administração.

O tema ESG (*Environmental, Social and Governance*, que, numa tradução livre, significa "ambiental, social e governança") trabalha a governança corporativa, o impacto social e o ambiente. É um todo, não dá para gerenciar uma empresa reciclando lixo e mantendo um discurso sobre um mundo melhor se, ali no *off*, o gestor tratar mal um colaborador.

No final do dia, fala-se muito sobre empatia. Mas, muitas vezes, não entendemos sua prática fora das redes sociais e dos discursos bonitos. O primeiro princípio é que, para ter empatia, é preciso começar por ter empatia consigo mesmo.

> **Num ambiente operacional, preciso entregar resultado, mas, quando falamos em uma gestão centrada em pessoas, há a empatia de entender que, como ser humano, existem limitações até mesmo nas entregas.**

Outro pilar importante é a diversidade, que vai muito além de ter mulheres, negros, membros da comunidade LGBTQIA+ e pessoas com deficiência dentro de uma empresa. É respeitar a pessoa por quem ela é e permitir que isso faça a diferença onde ela está; deixando que ela traga sua marca para o que faz. É a diversidade cultural, no espaço, também diversificado, do trabalho.

Portanto, não podemos misturar dois conceitos: não estou falando de fazer gestão de RH. Estou falando de uma gestão centrada em pessoas, no sentido mais pragmático possível. Não falo da empatia e diversidade de uma maneira romântica. Pelo contrário, estou sendo realista!

Quando falo para respeitarmos quem as pessoas são, é porque isso faz parte do natural do ser humano. Algumas pessoas querem falar, outras querem ouvir, e todas criam conexões assim. Até onde sei, não fazemos parte do filme *Fragmentado*, onde o protagonista tem várias personalidades em seu interior.

Não existe ambiente profissional em que alguém se vista somente da sua profissão. O indivíduo vai sempre levar para ali seus valores, sua cultura, sua educação e suas crenças. Ninguém é apenas uma pessoa jurídica; somos todos seres físicos que usam suas *skills*, suas habilidades, com base na prática, em uma determinada função.

O que acontece no mercado até hoje, principalmente no norte-americano, é o pessoal ser muito focado no processo. Mas precisamos entender que o problema particular do outro é meu também; pois, numa cadeia de acontecimentos, vai me afetar. Agora é nosso problema!

Até mesmo na FWK, minha empresa, tivemos um impasse desse tipo. E eu gostaria de encerrar esta introdução dizendo o que precisei relembrar na minha consultoria. *"Nunca podemos construir um negócio centrado em pessoas e focar apenas o processo. Eu não preciso desenhar algo para tornar um processo mais objetivo. Basta fazer o que todo mundo está fazendo. Por isso, preciso sair da caixinha do óbvio e fazer diferente"*.

Agora finalizo com um desafio, que espero que ecoe, em seu interior, do mesmo jeito que faz o meu vibrar:

O fazer diferente começa a partir do que é diferente em mim. Então leia de forma diferente, com a mente e o coração abertos, e vontade de fazer acontecer.

CHALLENGE

CAPÍTULO 1

O DESAFIO

"O prazer no trabalho aperfeiçoa a obra"
(ARISTÓTELES)

Sentado no banco do ônibus quase vazio, encostei a cabeça no vidro e fui pensando em tudo o que estava vivendo. A mente a mil por hora não parou com a freada brusca do transporte. No fone, ouvi Chris Martin, do Coldplay, cantar que ninguém tinha dito que seria fácil, mas que também não haviam dito quão difícil seria. Concordei, sem prestar atenção no suspiro que deixei escapar, na mesma hora.

Perguntei a mim mesmo, de novo, como pude chegar àquela situação e, mais uma vez, não obtive resposta. Como já havia explicado para Bruno, meu grande amigo de anos, continuava me sentindo um siri na lata. Vivo. Cheio de potencial. Mas preso e sem perspectiva de para onde ir. A grama da *Sambarilove Company* e outras tantas empresas parecia muito mais verde. Por lá, tudo funcionava, as metas eram batidas e os resultados, quase todo mês, superados.

Se estivesse acontecendo o mesmo comigo, não precisaria ouvir do meu chefe na XPTO que estávamos por um triz; com um olhar inquisitivo que claramente dizia que eu estava na forca. Minha cabeça valendo nada, quase sendo cortada. Não por falta de esforço. Mas, se eu dava meu sangue na empresa, como podia estar tão na merda?

Lembrar a reunião daquele dia era ainda mais frustrante. O cliente chegou sem resultado algum há pelo menos um ano, investiu uma grana pesada e continuou no mesmo patamar: zero. Era agora como uma terra devastada, uma cidade fantasma, sem ninguém, quase tudo parecendo sem vida. E eu lá, tentando fazê-la voltar a ter luz e moradores.

Eu me sentia burro; com certeza, incapaz. Tudo o que eu precisava era uma boa ideia, algo revolucionário, um processo que me desse o que eu queria. Um passo a passo para o sucesso. Ou, como no desenho de ursinhos que minhas filhas gostavam de assistir, uma fórmula mágica que me desse algum superpoder para vencer. Mas o quê?

Há um tempo, todo mês era a mesma coisa: eu planejava meu nado, meus movimentos e, durante os 30 dias, nadava, nadava, nadava. Morria na praia, sem conseguir entregar o resultado daquela campanha. Como um ciclo quase vicioso, do qual não conseguia sair. E, se ele tivesse um final, seria meu supervisor gritando, na reunião, que o cliente queria cancelar seu contrato.

Ironicamente, lembrei-me do meu professor da faculdade, que dizia que pássaro não nasceu para estar em gaiola, e sim para voar. Eu me sentia preso em uma armadilha. Em um roteiro profissional fadado ao fracasso. Todos no trabalho pareciam sentir o mesmo. A apatia dominava, a ponto de não haver surpresa quando alguém desistia. A mesa da esquerda estava quase sempre com uma pessoa nova, tentando acompanhar nosso dia a dia. Investimentos pessoais e da empresa iam ao lixo, a cada pedido de demissão.

Agradeci mentalmente a parada do transporte público da cidade ser quase em minha porta. Cansado para caramba, fazer uma caminhada (por não querer gastar com carro de aplicativo) teria sido quase o meu enterro. Coloquei a chave no portão e esperei alguns segundos antes de virá-la, preparando-me para o que encontraria ali. Já ouvi, incontáveis vezes, que quem não tem sorte na vida tem sorte no amor — ditado que não faz nenhum sentido agora. Eu estou ferrado (para não dizer outra coisa) em tudo.

Não sei muito bem se foi a minha frustração no trabalho que começou a me deixar tão mal-humorado em casa a ponto de descontar em Juliana (com quem sou casado há nove anos) ou se foi o cansaço dela de trabalhar fora e ter que cuidar de uma criança de três e outra de seis, que a fez projetar suas frustrações em mim. Talvez as duas coisas.

Já imaginava como seria, quase como todos os outros dias. Um beijo chocho de oi, uma cara fechada, e qualquer coisa tornando-se um grande causo, tamanho o saco cheio dos dois. O pior era tentar fazer com que nossas filhas não percebessem e, ainda por cima, tentar lutar para nosso casamento não morrer. Juliana é uma mulher incrível, que eu admiro muito e, apesar de tudo, continuo amando muito também.

Por mais difícil que fosse, sabia que estávamos os dois tentando escrever e construir, cada um, sua própria história. Ambos com a esperança de que o sucesso delas refletiria em nosso relacionamento, que sempre foi muito bom — e, em sua imperfeição, quase perfeito.

Sem seguir um script, foi exatamente como aconteceu. Quando colocamos as meninas para dormir no quarto delas (pois tentávamos fazer com que parassem de compartilhar a cama conosco), Juliana e eu tivemos um único momento de conexão: nos deitamos de frente um para o outro e, sem falar nada, ficamos nos olhando por, no mínimo, cinco minutos. Vi, em seus olhos, que ainda existia amor e me apeguei a esse sentimento até quando entrei no sono.

Dormi pesado. Óbvio que não sonhei com nada. Abri os olhos só quando ouvi o despertador, às 6h da manhã, e me preparei para mais um dia batalhando. Ontem, numa conversa do almoço, Bruno havia me dito que tudo tinha um porquê de acontecer. Levantei da cama repetindo isso a mim mesmo, como se fosse um mantra. Eu tinha certeza de que era verdade.

> Tudo tinha um porquê. Tudo tinha um porquê. Tudo tinha um porquê. Eu só não sabia ainda qual.

CAPÍTULO 2
A BUSCA

"Quem não desistir da busca vencerá"
(PAULO COELHO)

Ainda que meu tempo parecesse estar acabando, sentia como se fizesse malabares. Se eu deixasse algo cair, de fato, tudo iria ao chão. Era muita coisa em jogo, para que desistisse agora. Além da minha família e do meu casamento (que não sei se sobreviveria a uma demissão), havia minha expectativa pessoal e minha luta, até ali, para chegar ao cargo de gestor.

Meu coração sempre pulsou para achar uma solução. Qualquer que fosse. Com o pouco dinheiro que tinha, comecei a pesquisar e investir em cursos e opções que me trouxessem uma direção. Mais uma vez, Juliana me apoiou. Ela ainda acreditava em mim. E, se alguém tão importante para mim podia fazer isso, eu também precisava me esforçar.

Meu primeiro contato com o *Design Thinking* aconteceu num curso on-line de Stanford, 100% gratuito — mas que deixou de ser alguns meses depois. A minha gana de vencer não permitia que eu deixasse de me envolver em toda oportunidade que surgisse. Mas, quanto mais estudava, mais entendia que não podia ser onipresente e onisciente.

Além disso, havia, em mim — talvez por ego ou pelas situações da vida —, uma vontade de saber de tudo. Para mim, assumir ou aceitar que não sabia sobre algo era muito difícil.

Comecei a observar, em uma aula ou em uma reunião (até mesmo com clientes), que existia sabedoria em dizer "*eu nunca ouvi falar disso*" e em revelar humildade ao expor a minha limitação como humano, ainda mais trabalhando com inovação. A maturidade foi me ensinando que esse era um ponto a ser trabalhado pessoalmente. É claro que não conseguiria mudar da noite para o dia. Seria esse o caminho, então? Talvez humanizar a parada toda?

Se Sócrates, um grande pensador grego, chegou à conclusão de que não sabia nada, por que eu, com um milhão de problemas, passei a achar que devia saber sobre tudo? Com a dissertação do meu mestrado, libertei-me: quanto mais estudo, mais entendo que ainda preciso aprender muito.

Sempre tive problemas para me enquadrar no óbvio. Cada vez que estudava sobre um novo modelo de gestão desconhecido, algumas coisas faziam mais sentido. A caixinha do meu setor parecia muito pequena e eu sequer sabia como expandi-la.

Também sempre dei meu melhor em tudo o que fazia. Acredito muito que as coisas que damos também recebemos, e que não há por que ser "mais ou menos" quando se pode ser "extraordinário". Por isso, as minhas noites, e até mesmo madrugadas, tornaram-se de produção.

Eu precisava mostrar o que descobria a quem estava ao meu redor. Minha experiência em processos me ajudaria a chegar em um novo denominador.

A jornada era dura e as perdas começaram a esfregar isso em meu rosto. Quando perdi a apresentação de balé da minha filha mais velha na escola para ficar mais um pouco numa reunião, percebi que aquele momento jamais voltaria. Além do tempo de qualidade que perdi, ela me questionou sobre o que havia acontecido.

> **Muitas vezes, queremos ser os protagonistas e esquecemos o preço que isso traz.**

Na busca incessante e dolorida para ser meu próprio escritor, esqueci o aniversário de minha esposa. *"Você acha que temos como continuar, quando você nunca está aqui de verdade?"*, ela me disse, no mesmo dia.

E foi assim que cheguei a uma séria conclusão: para dar certo, eu precisaria aprender o equilíbrio entre a dedicação e o esforço, e usar minhas habilidades para sistematizar horários de estudo e com minha família. O mundo capitalista, que tenho consciência de existir, não poderia engolir os sonhos que eu já vivia.

CAPÍTULO 3
OS ELEMENTOS

"Perder tempo em aprender coisas que não interessam priva-nos de descobrir coisas interessantes"
(CARLOS DRUMMOND DE ANDRADE)

Eu estava lascado, como dizem no Nordeste. E, com certeza, existem mais um bilhão de palavras que poderiam me representar. Mas, ainda assim, não queria ficar derrotado. Na verdade, cada vez que enfrentava um problema, sentia, dentro de mim, uma vontade muito grande de derrotar os meus demônios. Sem pressa, um a um, tentando focar aqueles que poderiam ser vencidos com mais facilidade.

Acreditei, como ainda acredito, que tudo vai se solucionar fluidamente. O importante é não desperdiçar toda a energia com o que ainda não parece ser solução e olhar sempre fora da caixa, enxergar além.

Na ida ao trabalho, peguei o metrô. Dizem que o principal é a escalada, e que sentiremos falta dela quando chegarmos ao topo, mas não consegui imaginar sentir saudades daquela lata cheia de gente em pé, lotada logo cedo.

Às vezes, eu gostava de fazer um caminho mental do que já havia percorrido, com a ideia de que isso me trouxesse gratidão. Vi algum professor falar disso e adotei para mim. Aos 17 anos, queria cursar a faculdade, pagar minhas contas e namorar minha esposa; então, precisava de dinheiro para viver a fase adulta. Fui trabalhar muito cedo por causa disso e aprendi a me virar.

Passei na estadual e comecei a trabalhar na prefeitura com projetos, onde me destaquei. Aos 21 anos, já era gestor da área de obras e manutenção. O fato de me desenvolver fazia meu coração palpitar forte. Por isso, tive a oportunidade de cursar "gestão de projetos em saúde".

Custou para que eu aprendesse que a gestão de projetos tem vínculo com engenharia e tecnologia, mas é muito mais do que isso. Foi quando fiz meu MBA na área que, finalmente, aperfeiçoei o real conceito: um projeto tem princípio, meio, fim e um conjunto de recursos e tempos definidos para chegar aonde se quer.

Comecei a atuar, então, como especialista de projetos. A melhor escola foi colocar a mão na massa; focando totalmente os processos. Apesar de ter aprendido muito, o que eu sabia até então não estava funcionando. A conta da empresa estava zerando, e a minha, no banco, já estava praticamente negativa.

A preocupação era tanta, que cheguei no escritório mais cedo que o habitual e comecei a ver os números no computador, tentando chegar a um novo denominador. Percebi que já fazíamos todos os processos da gestão de projetos.

Busquei me aprofundar mais no tema e descobri uma palestra sobre a Gestão Ágil, que, nos Estados Unidos, estava a todo vapor há pelo menos uma década. Percebi que ela usava elementos que eu ainda não conhecia — como a gestão visual e o manifesto ágil — que falam sobre dar atenção a pessoas como pessoas, e menos a processos; algo que fugia do tradicional até então.

Agilidade tinha realmente tudo a ver com a dinâmica do meu dia a dia, que não é fazer mais rápido, mas olhar o que está acontecendo e transformar em produto, numa abordagem iterativa e incremental. Da mesma maneira, o *Design Thinking* procura sempre entender o que acontece no momento na perspectiva de quem usa ou vai usar, e a *Lean Startup* procura trazer o aprendizado rápido e a experimentação contínua no momento de planejamento.

A minha administração clássica era limitada. Percebi que o projeto não podia ser entregue por fases, pois ele ainda poderia mudar ou não entregar o que precisávamos (seja na fase de testes ou depois da conclusão), porque suas necessidades mudavam com o tempo.

Antoine-Laurent de Lavoisier, pai da química moderna, disse uma frase que se perpetuou: *"Na natureza, nada se cria, nada se perde, tudo se transforma"*. Meu ambiente de trabalho lidava constantemente com inovação. Pela primeira vez, compreendi que não se tratava apenas de tecnologia, mas de inovar as ideias.

> Se a maioria das ideias não é realmente nova, o que me separa de alguém com sucesso é o fato de acreditar no que estou pensando.

A neurociência fala sobre o lado criativo das pessoas, a coragem de expor ideias e de dar mais poder ao próximo, de conferir-lhe responsabilidades. A vontade de colaborar com o colega de trabalho traz segurança e saúde mental. O ambiente onde eu trabalhava matava tudo isso. Além de bom-dia–boa-tarde–boa-noite e das situações laborais, eu não sabia o que se passava com meu colega Mateus fora dali, apesar de vê-lo, todos os dias, na mesa ao lado da minha.

Nossa gestão visual se satisfazia com gráficos e desenhos, mas nunca fomos além. Não buscamos utilizar ferramentas visuais apenas para seguir uma tendencia, ou aumentar engajamento das pessoas, mas para deixar tudo transparente a todos.

Um frio percorreu levemente a minha espinha, quando entendi que não era apenas uma entrega que estava com problemas. Era a gestão inteira de uma empresa. E, aparentemente, eu era o único que havia percebido.

Isso mudava tudo.

CAPÍTULO 4
A INSPIRAÇÃO

*"Na adversidade, uns desistem,
enquanto outros batem recordes"*

(AYRTON SENNA)

O relógio marcava 23h30. Meus olhos estavam embaçando de sono e Juliana me abraçou por trás, na cadeira de computador onde estava sentado. "*Vamos dormir?*", ela sussurrou em meu ouvido, deixando um chá quente na mesa ao meu lado. Ela estava, como sempre esteve, me apoiando.

Não estávamos em perfeito estado, mas começamos a caminhar para isso. Sabíamos que muita coisa ainda precisava melhorar, mas minha descoberta na semana anterior havia mudado meus horizontes. Eu precisava montar algo novo e apresentar na XPTO. E precisava fazer isso estudando mais, sem prejudicar o tempo com minha família.

Aquele final de semana havia sido muito gostoso. Nós quatro fizemos um piquenique no parque próximo à nossa casa e todos nos enchemos de esperança de uma vida melhor. Brincamos de sonhar, como Júlia, minha filha de seis, costumava dizer. Cada um dizia aquilo que mais queria no momento. Depois, pensávamos em maneiras de obter nossos desejos, todos juntos, a fim de chegarmos a uma solução e participarmos da vida uns dos outros.

Fechei o computador. Amanhã seria um novo dia.

De repente, surgiu em minha mesa um bloco de muitas folhas, presas por um clipe. Foram praticamente jogadas em minha frente. Olhei para elas e para cima, ainda tentando entender o que estava acontecendo. Era Cláudio, o supervisor de compras:

— A cliente não gostou.

— Como assim, *"não gostou"*? — Tentei manter meu tom de voz tranquilo; não queria um ambiente de trabalho ríspido ou mudar o meu humor.

— Ela disse que não era o que ela queria, mesmo que a gente tenha seguido o protocolo combinado com ela.

— Tudo bem, vou resolver — respondi, encarando novamente o bolo de papel.

A metodologia premiada e mundialmente conhecida não estava mais entregando o resultado que ela queria. Nem o que eu queria. O fato de termos feito uma reunião para acordar isso e entregarmos o projeto quatro meses depois, com certeza, também contava muito. Esse era o gancho que eu precisava. Ali nascia a oportunidade que eu tanto queria. Esse era o momento em que a minha metodologia começava.

O incômodo pessoal havia chegado ao máximo. Eu estava há meses cumprindo agendas que retornavam para mim sem aprovação. Tentar mudar apenas o ferramental não alcançava mais as expectativas.

> "Será que estávamos mesmo mudando a vida das pessoas? O que entregávamos tinha impacto ou era mais do mesmo? Será que alguém mais havia chegado à mesma conclusão que eu?"

Em um ímpeto, levantei-me para ir ao banheiro e ter um tempo para pensar, antes de agir de qualquer maneira. Mas, como um mantra um tanto rebelde, pensava no que o professor do curso on-line havia dito:
— Você precisa ser doce com as pessoas e duro com os processos. Na verdade, cara, foda-se o processo!

CAPÍTULO 5
A VISÃO

"A verdadeira felicidade vem da alegria de atos bem-feitos, do sabor de criar coisas renovadas"
(ANTOINE DE SAINT-EXUPÉRY)

Eu já falei tanto de mim aqui, que sinto não ser mais importante nos apresentarmos. Apesar de saber detalhes íntimos da minha vida, você só sabe meu nome porque ele está na capa do livro, certo? Mas, talvez, como todas as coisas, exista um propósito para isso. Me chame de X, por enquanto. Uma variável ou variante que você teve a sorte (ou talvez o azar) de encontrar.

— X, você não está entendendo. A gente precisa entregar essa fase do projeto sem uma nova reunião ou vamos precisar demitir você.

— Mas eu gostaria de explicar para a cliente o que descobri e como isso pode ajudar a empresa dela. Ela precisa ouvir seus funcionários; eles estão dando uma ideia de metodologia melhor para ela vender.

— Ela não os ouviu. Não seremos nós que faremos isso — Maria disse, secamente. — Logo a gestora de RH da XPTO...!

— Mas há uma solução muito mais fácil, que vai além de eu ser demitido ou não. A gente pode mudar a conta dessa empresa. A cliente pode receber algo que mudará a vida dela.

— Você precisa pedir para Mel refazer o projeto na fase dois, que está atrasado há uma semana, e me entregar tudo até sexta-feira. Não conseguimos estender o prazo e não vamos mudar o mundo de ninguém. Por favor, agora me dê licença.

Era insustentável. Eu quase não conseguia conversar, porque ninguém parecia querer me entender ou, no mínimo, conseguir fazê-lo. Parecia que eu acreditava em alguma teoria da conspiração maluca ou que falava em outra língua. Mas eu precisava sair do lugar onde haviam me colocado, fosse para provar meu ponto de vista ou para ir embora.

Com o intuito de ser o agente de transformação, resolvi colocar a minha cabeça na forca.

> **Quem tem problema nos contrata. Se não tivesse, não seríamos chamados. Portanto, não vou ser mais um problema; a solução estava em minhas mãos.**

Era segunda-feira, e a sexta, como Maria havia falado, era o meu prazo final. Mandei uma mensagem no chat da empresa para a Mel.

— Mel, como cê tá? — digitei.

Eu iria descobrir como ela estava, não quando me entregaria o projeto.

Eu tinha uma semana. Sete dias para mudar aquilo que eu conseguisse.

PROJECT THINKING

CAPÍTULO 6
OS PORQUÊS

> *"Que o seu trabalho seja perfeito para que, mesmo depois da sua morte, ele permaneça"*
> **(LEONARDO DA VINCI)**

Fazia exatamente cinco dias desde que havia dado minha cara à tapa e começado algo novo no escritório. Eu não sabia explicar muito bem o quê, mas sentia que era algo próximo à humanização.

Aos poucos, via pequenas mudanças: até o ambiente parecia sorrir; tudo um pouco mais feliz.

Descobri, por exemplo, que uma colega de trabalho, Mel, e seu marido haviam acabado de perder um bebê de três meses de gestação. Ela chorou quando lhe disse que isso já havia acontecido igualmente comigo e com Juliana.

Percebi também que o cafezinho da cozinha era adoçado e que nem todo mundo gostava dele assim. Então, por minha conta, coloquei o café sem açúcar e os sachês que adoçariam as bebidas de quem realmente quisesse. Ao lado, coloquei umas bolachinhas salgadas, porque ninguém merece ficar com fome no trabalho.

Até desenhei uma carinha sorrindo na lousa que tínhamos na sala de estar do escritório, que estava sempre em branco ou com cobrança de metas. Quando perguntaram quem havia feito o desenho, fiquei em silêncio.

Ninguém mais disse nada, mas notei que algumas pessoas sorriam quando viam.

Como um hacker das redes virtuais, eu me sentia, literalmente, hackeando o sistema; fugindo das obviedades e surfando numa onda em que eu nem mesmo sabia se conseguiria ficar de pé. Mas, depois de ver os resultados em cursos que havia feito, era impossível voltar a ser o mesmo.

> Eu queria mudar o mundo de todos, porque, com certeza, ele se tornaria um lugar melhor. Ao longo da semana, me apegava a isso toda vez que pensava em desistir. Acreditava fielmente no que estava fazendo.

Como a empresa vinha falhando com os resultados, virou praxe a reunião de sexta-feira (ainda que fosse para falarmos sempre mais do mesmo). Ninguém sabia além de mim, mas a de hoje tinha tudo para ser diferente. Eu havia costurado o que tinha aprendido em slides que ajudariam outras pessoas a enxergarem o mesmo que eu. Eu só precisava de uma oportunidade.

Não me atrasei. Entrei na sala especial e vi, em clima de enterro, meus supervisores chegarem. Senti um frio na barriga e me acalmei, pensando que, ao menos, esse encontro não tinha clientes. Era algo interno. E — eu tinha certeza — resolveríamos nossos problemas juntos.

Era tudo ou nada. A sala estava em um silêncio descomunal, quase tangível, assim que abri minha apresentação. E me certifiquei de não ter colocado nenhum título que assustasse, como "gestão de pessoas" ou qualquer coisa que me enfiasse mais no fundo do poço.

Também não fugi do rito: tentei seguir todos os processos da empresa, inclusive a apresentação em PowerPoint. Mas eles sabiam que era algo novo. Para ser honesto, eu mesmo me sentia quase novo. E, paradoxalmente, ao mesmo tempo, cansado.

— Onde está o contrato assinado desta campanha? Eu procurei e não encontrei, nem em papel físico, nem em PDF — disse Maria, inquisitivamente, interrompendo minha reunião.

Dentro daquelas quatro paredes, considerando o cargo, só estavam as maiores pessoas da empresa. Sentia todos os olhos me fitando. Quase gaguejei, mas consegui manter a postura:

— A cliente não quis assinar, pois trabalha com outro tipo de mé... — eu teria dito método, mas Júlio, gestor de TI, me cortou.

— Você só pode estar brincando que escolheu confiar na palavra de alguém! Se até Jesus teve um Judas, como você pode ser tão inocente? — acusou-me.

— Deixe que ele continue — alguma voz mágica disse, mas não recordo a de quem.

Eu suava. Era porrada atrás de porrada, como se já não bastassem as da vida. Se não estivesse tão incomodado com a situação, talvez tivesse até chorado. Mas continuei.

— A parte processual está embasada no quê? Isso é completamente diferente do que sempre pedimos — era Júlio, me cortando de novo.

— Eu posso explicar meu embasamento logo mais; o que quero mostrar, agora, é que há maneiras de produzir um resultado diferente.

Silêncio foi a única resposta.

Entrei tendo a certeza de que levaria a empresa a outro patamar e agora eu só conseguia pensar uma coisa: "*eu vou me foder*". Eu estava correndo o maior risco da minha carreira até então. Sem mais interrupções, quando apertei o controle do projetor e a tela ficou preta, não houve aplausos. Engoli em seco. Hermano, o dono da companhia, foi o primeiro a falar qualquer coisa. Era também a primeira vez que eu ouvia a voz dele, depois do seu bom-dia ao entrar ali.

— X, eu vim aqui para demitir você. Você não está seguindo protocolos, assinando contratos, seguindo processos básicos.

Não houve choque algum. Também não havia palavras. Quando abri minha boca e fiz menção de dizer algo, ele me silenciou levantando um dedo, como quem diz "*ainda não terminei*".

— A sua sorte é que nos trouxe algo tão novo, que nos tirou da zona de conforto, a ponto de nos incomodar. Você fala com tanta convicção, que não acredito que arriscaria anos de uma profissão por um achismo. Resolvi te dar esse voto de confiança, e acho que, talvez, isso possa ter valor e mudar histórias. Você acha que daria para seguir com isso com algumas adaptações? — continuou.

Naquele momento, se pudesse gritar de felicidade, teria feito. Na verdade, tudo o que fiz foi concordar e dizer:

— Quando faremos o que precisar ser feito? Ou, como costumo dizer, quando vamos "descer para o play"?

CAPÍTULO 7
PROJECT THINKING

"Por vezes, sentimos que aquilo que fazemos não é senão uma gota de água do mar. Mas o mar seria menor se lhe faltasse uma gota"
(MADRE TERESA DE CALCUTÁ)

Naquela noite, eu estava esgotado emocionalmente. Não havia forças em mim, porque usei toda minha energia para sobreviver à reunião. Tudo o que queria era um banho quente e minha cama. Mas Juliana havia pensado diferente. Ela me mandou uma mensagem perguntando como havia sido, e eu respondi: *"uma batalha vencida"*. Por isso, ela queria comemorar.

Não havia como me esquivar do brinde que ela propôs no jantar, toda animada, dizendo para as meninas que o papai havia conseguido algo grande no trabalho. Eu falaria mais tarde. Fiquei sem graça de dizer que era exatamente isso mesmo o que havia dito: uma batalha havia sido vencida, não a guerra inteira.

Eu ainda tinha um longo caminho a percorrer. E, mesmo sabendo que enxergar as pequenas vitórias e comemorá-las é o jeito mais leve de viver, só queria me enterrar na cama e dormir pesado. Mas me segurei. Não era o momento de ser grosso ou seco. Juliana havia planejado uma noite romântica e fui na sua onda.

No final, enquanto conversávamos abraçados sobre as amenidades e importâncias da vida, ela me perguntou:
— Você já sabe como vai chamar seu método?
— Não — respondi. — Ainda não sei.
Algo na fala dela havia me incomodado profundamente, eu só não sabia o quê. Como uma pulga que pica, gruda e fica ali.

Conversamos sobre o trabalho dela, também. E sobre o quanto sentíamos falta um do outro quando estávamos perto porém longe. Fiz carinho em seus cabelos e não percebi quando ela dormiu, até que não me respondeu mais. A pulga continuava lá, grudada em minha mente. Não havia nada de errado na pergunta dela. Havia?

Delicadamente, sem que movimentasse muito a cama ou minha esposa, virei para o lado. Não consegui dormir. Fitei o teto e a parede à minha frente por vários minutos. Era um fato que eu ainda não havia nomeado o que tentaria implantar na XPTO, e precisaria ainda de muitas outras pesquisas para isso, mas havia algo mais em sua pergunta que me esmagava por dentro. "*Você já sabe como vai chamar seu método?*". O que tinha de tão ofensivo nisso?

Sem perceber, fui caindo no sono. O estalo veio da mesma maneira que o sono. Abri meus olhos, com tudo. Fosse o nome que fosse, eu tinha uma certeza: não era um método. Eu havia começado *uma nova abordagem*.

A pedido dos gestores, comecei a escrever sobre minha abordagem, pois precisaria apresentá-la novamente, seguindo alguns padrões clássicos. "*É quase como um passo a passo de como seguir em um projeto, com materiais práticos e ideais, com o intuito de trazer valores a tudo e a todos. É fugir da caixinha do óbvio, é considerar a comunidade. É sair do fluxo e mudar.*" Para começar, acho que estava bom.

— Mas e o nome, X? Qual vai ser? — ouvi enquanto voltava do almoço, ainda no elevador.

Mesmo que não fizesse ideia, não podia dizer isso a um dos meus chefes.

— Pego elementos muito importantes do *Design Thinking* — respondi.

— Essa onda é boa de surfar. Muita gente está falando disso agora.

Ele tinha razão, mas eu precisava ir além. Há traços fortes, mas não há como limitar a gestão a algo já preconcebido. A jornada estava sendo muito dolorida para mim, era algo muito pessoal, para que parecesse apenas a continuação de uma abordagem já existente; mesmo que alguns a confundissem com uma metodologia ou uma caixa de ferramentas. Olhei ao redor e o elevador parecia levar horas para fazer um trajeto tão curto.

— E se falássemos o óbvio? — ele me disse, quando percebeu que não sabia como respondê-lo.

— O que você quer dizer?

— Estamos fazendo projetos... — ele deixou a frase solta, porque o elevador chegou em seu andar. Então, nos despedimos.

Fui andando até minha mesa, ainda tentando entender o que ele havia dito. Como, na história, há o antes e o depois de Cristo, eu queria que fosse parecido. Se todos faziam projetos pensando de uma determinada forma, a partir de então, faríamos de outra.

Assim que me sentei em minha mesa, o telefone tocou. Observei que era uma chamada externa e percebi que era o cliente da conta que precisava fechar este mês. Seria a primeira vez que falaria sobre a minha gestão.

— A gente vai trazer um olhar diferente para seu projeto, por isso, é *Project Thinking* — soltei, tão naturalmente como se sempre tivesse sido esse o nome, quando o cliente me pediu um termo técnico.

Conforme ia tomando forma, percebia o quão poderoso era aquilo que estava colocando em prática: o olhar do *Design Thinking*, uma gestão centrada em pessoas e as transformações naturais do projeto. Uma mudança transformadora.

Certas coisas nascem assim. Sem grandes ensaios ou palestras. Ainda bem por isso. Já parou para pensar como seria se tudo acontecesse sempre do mesmo jeito?

CAPÍTULO 8
EMPATIA

"Conheça todas as teorias, domine todas as técnicas, mas, ao tocar uma alma humana, seja apenas outra alma humana"

(CARL JUNG)

Acordei pensativo neste dia. Li algo em meus estudos que me levou à seguinte reflexão: é impossível viver os dias de hoje sem nunca ter ouvido falar sobre empatia. Se não está tatuada na mente, ela aparece, ao menos, nas redes sociais. (A tal ponto que até gente estudada revira os olhos quando escuta falar dela.) Mas calma: não estou querendo dizer que você precisa sair por aí abraçando árvores — a não ser que você queira! Falo sobre um sentimento muito mais profundo.

Poucos falam, porém, que, antes de se colocar no lugar do outro, é preciso começar a prática da empatia consigo mesmo. Isso não significa ser egoísta ou preconceituoso, apenas que é impossível ajudar o próximo se você não conseguir fazer isso para si próprio primeiro. Mais ou menos como as instruções de segurança da cabine de um avião: coloque a máscara em você; depois, tente ajudar quem está ao seu lado.

Segundo pesquisas do laboratório de neurociência da Yale, cerca de 89% das pessoas são naturalmente boas, ou seja, empáticas, com exceção dos que sofrem de algum distúrbio psicológico. Mas, ainda assim, antes de ser hábito, a empatia é um exercício diário, quase como um treino — tanto no âmbito pessoal como na vida corporativa.

"De forma geral, podemos dizer que a empatia é o ingrediente que une toda e qualquer relação interpessoal. Mesmo que não seja a principal, é um fator que faz com que um lado entenda o outro e a relação em si." Gostaria de ser inteligente para escrever isso, mas essa frase é do australiano Roman Krznaric, um dos fundadores da *The School of Life*.

Isso desconstrói o que sempre ouvimos. Empatia não é se colocar no lugar do outro, porque, quando isso acontece, o espaço de outra pessoa pode não fazer tanto sentido para você.

> Na verdade, empatia é compreender o lugar do próximo. Ter a curiosidade de entender a realidade de alguém através da observação, de um jeito pragmático, sem romanceá-la.

Pensei, por exemplo: *"Por que será que a Zélia, uma funcionária do RH, de vez em quando aparece, de manhã, com os olhos bem vermelhos?"*. Ou: *"Por qual razão o Leonardo, da área de TI, passou a vir de ônibus, se antes ele vinha de carro? Será que ele precisou vender seu veículo?"*.

O perigo desse tipo de pensamento é cruzar a linha do preconceito e começar, pela minha visão, a criar ideias preconcebidas sobre as pessoas e o que vivenciam. Sem saber se a verdade é realmente aquela.

Ou, pior, acabar julgando uma realidade de acordo com meus óculos pessoais de experiências. Resolvi chamar isso de empatia negativa — aquela que naturalmente você sente quando precisa ajudar alguém que sofreu um acidente na sua frente ou está sofrendo com algo! Naturalmente, nessas situações negativas/ruins, fomos empáticos! Cada um tem uma série de dores naturais que vêm de si. Por isso, a dor de um pode ser exatamente como a do outro, ainda que venham de realidades diferentes de vida. Quando não percebo e decido que uma dor é pior que outra, falhei na empatia.

Percebi que assim também é com a empatia positiva. Em um resumo bem rasteiro, é entender quando o outro tiver suas limitações. É perceber um comportamento não usual em alguém e não julgar por logo pensar: "*O que será que está acontecendo? Geralmente, fulano não é assim*". Por exemplo: meu chefe pode chegar em sua BMW e morar em uma mansão e, mesmo assim, ter um conjunto de desafios que o afetam e que modificam seu comportamento natural.

Já refleti muito sobre isso. Tem um abismo muito grande entre ler e começar a agir. Por isso, pensei: é necessário tirar o meu bumbum da cadeira, ter conversas empáticas e entender a parada pela qual o outro está passando e que só ele pode me explicar.

Ultimamente, meu varal de frustrações está mais cheio que o de fotos de momentos bons. Tenho pendurado, na minha história, muita coisa que não aconteceu como imaginei e tenho segurado muito, de mim, apenas para mim, uma vez que passei a considerar (e talvez eu mesmo tenha tornado) os ambientes ao meu redor mais hostis.

Numa casa onde não era compreendido, para que iria me dar ao trabalho de explicar que estava tentando não ser demitido? Na empresa em que qualquer coisa que fuja do script (ou do *playbook*) é errada, para que tentar ser diferente, ainda que fosse mais "eu mesmo"? Foi assim que vivi, naqueles últimos meses; guardando tudo só para mim.

Não sei se foi a esperança nascida do novo modelo de gestão que eu planejava — ou mesmo a frustração de seguir à risca todos os protocolos e não obter resultados —, mas compreendi que a empatia é algo nativo em mim. Se me preocupo com as pessoas e gosto de ajudá-las, dentro do meu limite, por que não o fazer?

Eu estava lutando comigo mesmo. Tentando abafar uma parte grande de quem sou. Ter empatia é ser humano, na prática, e o sentimento era muito mais forte do que eu. E reprimi-lo estava me fazendo mal. Foi assim, sem mais nem menos, que decidi que seria empático, mesmo se agir desse modo me custasse a vaga na empresa. Afinal, você já tentou fazer algo sem ser você mesmo?

Assim que tomei essa liberdade, tive a primeira oportunidade de demonstrar algo de que sempre senti falta, no escritório.

Mateus, que ficava na mesa ao lado da minha, parecia muito assustado, ao olhar a tela de seu computador. Por força do hábito, quase ignorei e segui meu dia, mas resolvi ir contra o instinto e perguntar:

— Cara, você precisa de ajuda?

De início, ele negou.

Mas olhei para seu rosto por alguns segundos e disse que estaria ali, caso precisasse. *"Tô literalmente do seu lado para o que precisar"*, aliviei o clima com uma piada quase boçal. Quando me virei para o meu computador, ele chamou meu nome, baixinho.

— Meus cálculos do projeto não estão batendo e estou apavorado, pois, se isso estiver certo, sairão 2.000 reais do meu bolso.

Mais uma vez, pediria para que ele me enviasse a planilha e eu mesmo resolveria tudo. Mas olhei meu relógio e vi que ainda tinha tempo para entregar meu relatório. Sentei-me ao seu lado e refizemos o processo passo a passo, até acharmos a fórmula que ele errou. O cara quase chorou. Disse que esse dinheiro lhe faria muita falta porque a mulher dele estava desempregada — e eu não fazia ideia disso! Onde estaria a empatia?

Ele sentiu que poderia confiar em mim. Nossa troca criou uma conexão. Instantaneamente, lembrei daquele comercial de anos atrás, de um refrigerante famoso, sobre os bons serem a maioria. Eu ainda acredito nisso, vivendo.

Já era a quarta reunião que tínhamos sobre a possível nova gestão. Em todas elas, eu precisava defender minha perspectiva outra vez. Resolvi falar sobre empatia naquela ocasião, algo que afetava diretamente todos os envolvidos.

Havia acabado de fazer a minha analogia sobre o novo modelo de gestão que propunha. Todo mundo tem, ao menos, quatro tias na vida: a antipatia, a simpatia, a apatia e a empatia. A primeira é a antipatia, a falta de comunicação, dificuldade de autoexpressão; exatamente o contrário de se importar com o sentimento do outro. É a tia desagradável da qual ninguém gosta.

A pessoa apática é aquela sem emoção, fria, indiferente ao tratar com os outros. Não sabe dar ou receber afeto. Em palavras mais profundas, é a negação do sentir. Na antipatia, eu não quero me relacionar. Já na apatia, tanto faz. É a tia deprimida que nunca está presente nas festas de família.

A simpatia, por seu lado, é a tia agradável de que todo mundo gosta, mas que não está lá quando precisamos. É o bom humor, o positivismo ao tratar com as pessoas. Como diz Leandro Karnal: "ser simpático significa estar junto". E eu acrescento: mas não é sentir pelo outro.

Por sua vez, a empatia é a tia que está sempre lá, que faz chá para aquecer, que escuta o que temos a dizer, que entende o que sentimos. Que nos acolhe, mesmo quando também puxa nossa orelha.

— Mas, então, qual o limite da empatia? — perguntaram-me, na reunião.

— O limite é aquele que doer em você — respondi de imediato, tendo convicção do que falava, pois era o que eu vivia.

— Mas você não acha que muita empatia faz as pessoas ficarem folgadas? Elas se sentem muito em casa — disse Maria, em tom duvidoso.

Respirei fundo e continuei minha tese. Não havia como derrubar algo que, na prática, mostrava-se eficiente.

— Não, Ma. Pelo contrário. Uma pessoa só é motivada a agir quando tiver empatia em relação àquilo, mesmo que seja um projeto. É uma maneira de partir para a ação e para a ruminação.

— Eu acho isso muito difícil de fazer... Como a gente demonstra empatia no dia a dia? — ela insistiu.

A minha empatia com Maria começava quando eu não dizia que ela era egoísta a ponto de não entender o que era empatia e decidia lhe explicar direitinho seu significado.

— A gente começa praticando, até mesmo tendo conversas empáticas.

— O que isso quer dizer?

— Que eu vou sempre pensar em equipe. Que vou, naturalmente, me interessar pelo outro e falar sobre as entregas, nas quais terei interesse em trabalhar. Que vou tentar entender aquele desafio e vencê-lo. Entende? Se você não tiver empatia, nem por você, ninguém terá.

Aos poucos, vi os rostos ao meu redor na mesa assentindo, em silêncio. Pela primeira vez, ninguém parecia ter algo contrário para dizer, porque eu havia colocado cada um deles sentados no lugar da empatia.

Me senti um herói com um superpoder nas mãos. Agora era só mostrar o que esse superpoder conseguia fazer.

CAPÍTULO 9

MATERIALIZAÇÃO

"A melhor forma de prever o futuro é criá-lo"
(PETER DRUCKER)

Uma das primeiras coisas que entendi sobre o processo, logo quando comecei a trabalhar, ainda jovem, é o sentido de idealizar antes de materializar algo — seja um projeto, produto ou plano.

O que nos prepara para realmente entender o mercado é exatamente essa sequência, ainda que não exista um script a ser seguido rigorosamente. Falando de forma esdrúxula: não tem como você vender algo, mesmo uma ideia, sem saber onde isso será inserido assim que sair do seu lugar de fabricação.

Antigamente, eu costumava traduzir essa fase. *Ideation*. Em português, era a vez da "ideação". Para mim, porém, ainda soava raso. Eu queria ir mais fundo. Por que não idealizar, uma vez que pegamos o projeto e, juntos, chegamos em um denominador comum? Para tanto, é necessário pensar fora da caixa ou, na verdade, considerar várias delas.

— Mas depois de entender as pessoas e os desafios, como vou pensar em soluções para resolver aqueles problemas? — eu ouvi, nem sei dizer de quem, enquanto apresentava meus slides.

A primeira resposta que me vem à cabeça, mesmo que pareça óbvia, é "criatividade".

> Atitudes criativas vão nos levar a resultados novos e devemos utilizá-las para resolver problemas.
> E não precisa ser algo "diferentão", mas sim uma ideia pontual que resolva a situação específica com a qual estamos lidando, que não tenha sido pensada, testada ou considerada.

— Vamos ver o desafio que temos e relacionar isso com a realidade do cliente sendo *criativos*.

A palavra trouxe uma aura de tensão para o lugar. Era nítido o medo que ela trazia. Se alguém acendesse um fósforo naquele instante, provavelmente tudo explodiria.

— Eu entendo, mas não sou designer e nem da publicidade. Não sou boa nisso — confessou humildemente Julia, participante da reunião.

— Ju, eu não quero que você seja outra pessoa. Preciso que seja exatamente você. Não precisamos de ideias revolucionárias, precisamos de ideias que sejam novas para a situação do cliente, entende?

— Pensando assim, o que podemos fazer com a conta da Corp, então? — Era Mateus, que também havia sido convidado a participar do nosso encontro, a meu pedido.

Sem que ninguém percebesse, naturalmente, estava acontecendo ali uma das maiores revoluções: não havia uma escala pragmática de onde viria a solução; não estavam contando com a nata da empresa para pensar a ideia que mudaria tudo. Tudo era colocado na mesa às claras. Afinal de contas, as maiores inovações e propostas de solução vêm de quem está na luta.

— X nos disse que precisamos resolver o problema do olhar do cliente. Como podemos usar isso agora?

Por um segundo, parecia até mesmo que eu não estava ali. Todos debatiam, animados, como se estivessem seguindo pistas de um suspense ficcional.

— A Corp pediu que corrigíssemos a visão sistêmica — foi a vez de Leonardo constatar, sem espaços para novos pensamentos, num tom monótono, quase como um balde de água fria.

— Mas quem disse isso? O cliente ou seu estudo sobre o caso? Porque, olhando tudo, parece ser justamente o processo dele que está dando errado — Era Julia novamente, mas eu podia acreditar que era a experiência dentro dela levantando a voz.

De repente, estávamos todos em uma discussão saudável e calorosa, que parecia fazer parte de um seriado de televisão. Eram muitas pessoas que, juntas pela primeira vez, tentavam alcançar a mesma resposta.

— Precisa entregar valor, senão, não vai adiantar! — ouvi alguém dizer.

— Essa não parece ser a dor real do cliente. Vamos fugir das ideias preconcebidas que ele já nos passou. Precisamos pensar diferente! — outra pessoa soltou.

A idealização estava acontecendo de forma orgânica: um conjunto de situações e propostas que surgiam da oportunidade de pensar diferente. O poder criativo sendo focado com o intuito de entregar resultados fora do comum.

Enquanto isso, eu estava extasiado, quase sem conseguir dizer mais nada. Foi quando entendi o que estava acontecendo: eu fui o fósforo.

Agora, a revolução começara.

Depois que todo mundo saiu da sala, me permiti continuar sentado na mesa, pensando. Com papel e caneta na mão, minha cabeça parecia explodir depois de ver os pilares do *Project Thinking*, que eu havia desenvolvido, colocados em ação. Era a hora de, principalmente, repensar a forma como a gestão era feita, focar pessoas e continuar entregando resultados daquela maneira.

Não havíamos ainda chegado a um denominador comum para a Corp, e a empresa continuava ameaçando romper o contrato conosco, o que afundaria várias pessoas da XPTO — inclusive eu mesmo. Mas a adrenalina de ver todo mundo envolvido em fazer dar certo era inspiradora. Havia empatia e espírito de equipe ali.

"*Você entendeu ou quer que eu desenhe?*", escrevi na folha, para a fase da materialização. Era a próxima etapa. Pegar a solução e transformar em algo palpável, para que o cliente vá experimentando o projeto antes de ele ficar pronto, a fim de dizer o que está dando certo ou não.

Eu não levaria as ideias para o cliente, mas propostas de ideias, possíveis materializações. Protótipos. Uma prévia utilizável do produto, justamente para que ele utilize aquilo e veja os resultados e as consequências por si mesmo.

> **Ao materializar a solução, temos perspectivas diferentes, baseadas nas experiências pessoais de todos que a testam. Prototipar é simples assim.**

No automático, o mapa mental estava desenhado bem na minha frente. O projeto existia. O desafio também.
E, pela primeira vez, eu achava que sua resolução também havia surgido.

CAPÍTULO 10

ELABORAÇÃO

"Até o último suspiro, a vida é um processo"

(LYA LUFT)

Reprimi o sentimento de que aquela reunião poderia ser um e-mail, porque não poderia. Apesar de ser a terceira, no mesmo dia, precisávamos do contato para continuar dando vida a um novo modelo de gestão. Provavelmente, muitos já estavam "sem saco" ali, mas era importante persistir.

Eu estava cansado de provar meu argumento, mas era necessário decidir qual seria o próximo caminho a seguir no projeto. Ainda conseguia aguentar mais um pouquinho, pelo bem de todos nós.

Falo isso porque a Corp era uma empresa clássica na região, embora de pequeno porte. Com sete anos de existência, ela chegou nos pedindo uma solução para seu departamento financeiro, que não conseguia pagar todos os funcionários no tempo certo, e, quando o fazia, deixava o caixa no vermelho naquele mês.

Porém, a empresa nos disse que sua visão sistêmica estava errada. Nunca haviam considerado outro método de pagamento ou uma gestão que escutasse as pessoas que ali conviviam. Se pararmos para pensar, era meio parecido com a XPTO até aquele momento.

A ideia a que chegamos foi apresentar o projeto por fases, para entregar o que gerava valor e fazia sentido então. O financeiro faria o seguinte: como novos projetos estão sempre entrando na Corp, a empresa pagaria o salário parcelado em semanas, para que não ficassem no vermelho no final do mês.

Por exemplo: os pagamentos de mil reais seriam divididos em quatro parcelas de 250 reais. Assim, o funcionário não ficaria sem receber e, de uma maneira empática, ele poderia programar suas próprias contas de acordo com o cronograma de pagamentos. E a empresa não tiraria todo o valor do caixa de uma vez só.

> **A elaboração do projeto é de extrema importância, porque é ele que define como a organização vai seguir.**

Nesse ponto, a jornada já tem objetivo, e são decididos o roteiro, o escopo, o custo e as estimativas. O MVP (Produto Minimamente Viável) vai evoluindo conforme a utilização da materialização feita pelo cliente. A proposta do projeto final só é feita após, no mínimo, um feedback dele.

Somente após a materialização, documentamos tudo o que foi feito. Afinal, precisamos manter a dinâmica, a colaboração da equipe, os elementos visuais, a empatia e nunca deixar valores básicos seguirem roteiros preestabelecidos.

Quase como no final de uma aula, levantamos assim que batemos o martelo sobre aquela campanha. Era tudo ou nada! Naquele momento, sinceramente, eu só conseguia imaginar a sensação do edredom na minha pele e aquele cheiro fresquinho de amaciante vindo dele.

Aquele era mais um dia em que eu encostava minha cabeça no vidro do metrô.

Pelo menos, dessa vez, havia conseguido me sentar para voltar para casa. O que, talvez, tenha relação com estar voltando um pouco mais tarde do que o usual.

Por um segundo, imaginei minha vida como aquele túnel escuro e, aparentemente, abandonado — com uma luz bem lá no fundo que, talvez, iluminasse tudo ao meu redor, conforme o tempo passava.

Eu estava cansado fisicamente, emocionalmente e psicologicamente. Hoje não queria conversar, jantar ou fazer qualquer coisa que não fosse deitar e pensar em nada. Tinha medo de sofrer da síndrome de *burnout*, mas sabia que era uma fase em que eu precisava entregar tudo o que havia em mim. Minha confiança produtiva estava crescendo.

Sempre fui movido por desafios e nunca deixei de acreditar no que fazia. Exceto quando eu não fazia o que era meu, e sim o que me mandavam. Construí minha família e minha vida profissional com muito esforço, tanto que me recusava a perdê-los por causa de um período difícil. Dessa vez, porém, estava pagando para ver. É aquele velho ditado: *"se já fodeu tudo, pior do que está, não fica"*.

Talvez seja um tabu delicado assumir fraquezas, mas entendo que elas fortalecem aqueles que as sentem. Por isso, eu não tenho vergonha em contar o que aconteceu em casa, na mesma noite.

As meninas já estavam dormindo, mas não recebi nenhuma chamada de minha esposa. Nem mesmo quando eu disse que não jantaria. Quando encostei minha cabeça no travesseiro, não tinha mais nenhuma força restante que me fizesse parar de chorar. Juliana viu meu cansaço e me abraçou por um longo período em silêncio, até que eu caísse no sono.

Meu último pensamento, porém, foi a certeza de que faria aquilo valer a pena. Por ela, agora. Não havia plano B. Na verdade, o plano B era fazer o A dar certo.

CAPÍTULO 11

IMPLEMENTAÇÃO

"O maior obstáculo à mudança está dentro do próprio indivíduo; nada melhora até ele mesmo mudar"
(SPENCER JOHNSON)

Se você pesquisar sobre mudanças, vai achar vários artigos que falam que o ser humano tem dificuldade e, ao mesmo tempo, ansiedade por elas. É um morde e assopra natural da vida. Para crescer, você vai precisar mudar. Provavelmente, você não vai querer fazê-lo, mas, ao começar, vai ansiar cada vez mais pela transformação.

Por isso, precisamos implementar mudanças pequenas, para que tenham sustentabilidade. Não vamos conseguir grandes avanços se tentarmos mudar algo de um dia para o outro, seja em uma empresa ou no mundo lá fora. Até em um cenário hipotético, isso não daria certo.

Infelizmente, a maioria das pessoas só quer um *playbook* para implementar suas ideias. "*Me conta qual é o próximo passo*", diz a cabecinha dos robôs do óbvio (que não existem, eu acabei de inventá-los!).

Vou apresentar dados coletados por mim mesmo, de acordo com a minha experiência, e citados por mim mesmo, dentro da minha cabeça: 70% dessas cabecinhas de robô não quer discutir sobre a problemática; 20% estão dentro da jornada; e apenas 10% são os clientes da nossa empresa. Caso você ainda não tenha pescado até aqui, construir junto é a maneira mais fácil de fazer a implementação.

"*Você está sendo foda, mas não vai conseguir mudar o teu modelo de trabalho hoje*", digitei para Mateus, que parecia ter tomado uma dose de adrenalina, com tudo o que havíamos discutido na reunião anterior.

O momento de compreensão e construção de um projeto, produto, serviço ou experiência é realmente animador. Você vê a coisa toda criar forma. E, bem ali, coloca o que você aprendeu nas aulas de gestão: segue um script mental, faz uma documentação, ou "estrutura um *backlog*". Para salvar a operação, enche de elementos da gestão ágil. Mas é um risco grande, e essa é a hora de entender que tudo pode ser mais simples. Perceba que disse simples, ao invés de simplório.

Quando vejo isso acontecendo, minha vontade é de gritar um "*Para, porra*", tranquilo — só para tirar, de dentro de mim, o nervoso de ver alguém fazer o básico novamente.

A primeira mudança significativa que temos que fazer é trazer as pessoas para o centro, trabalhar empatia e criatividade para chegar a um resultado mil vezes melhor.

— Mas, X, é só isso que a gente tem que fazer? — alguém me pergunta, na primeira reunião do dia para discutirmos as contas da Corp.

— É! — Eu sorrio. Me dá vontade de rir, pela obviedade; mas eu contenho o riso. — Simples assim.

Porém, esse tópico torna-se muito delicado quando você percebe que precisa ter uma linguagem específica para que te entendam. Ninguém vai se localizar se não estiver dentro do processo. Se as pessoas estiverem no contexto e com vontade de mudar, show! Elas vão acompanhar naturalmente. No final do dia, afinal, é "só" fazer o simples.

Mas... chegou o próximo encontro na sala de reuniões, que seria um pouco diferente. Confesso que senti um frio na barriga toda vez que olhei as horas e vi que o horário estava se aproximando. Era "o dia da visita do cliente" para discutirmos as conclusões a que havíamos chegado. A XPTO estava na mira, e eu sabia que a Corp segurava uma bazuca na mão.

Durante toda aquela semana, o time havia trabalhado duro e, muitas vezes, até mais tarde. São bem tênues as linhas entre combinar o jogo, trabalhar a jornada, entregar resultado, engajar a equipe, dar soluções, agregar valor e não deixar ninguém morrer.

Antes, conversei com os gestores, supervisores e pessoas de alto cargo da XPTO. Expliquei que era importante todos estarmos juntos. Para fazer valer, você precisa entregar tudo de si. Quem está ao seu redor e em uma posição subordinada passa a admirar aqueles que estão caminhando — e, por que não dizer?, se fodendo — junto. Afinal, se o Fulano, que é o Fulano, está no play, então eu também preciso estar. Torna-se inspirador!

Quando falamos de implementação, não dá para perder aquele jogo já combinado de trazer as pessoas para o centro da discussão. Afinal, é comum vermos a tendência de enfatizar repetidamente a importância das operações; ou de, como chamamos, "bater o bumbo": insistir em um único ponto, sem considerar outras perspectivas. Por isso, é necessário ter cuidado para que ninguém sinta que, a cada mudança, tudo o que foi discutido antes se apagou. É um pouco de operação e um pouco de ser humano.

Aos trancos e barrancos, mesmo quando já estava sem energia, tentei criar um ambiente de conexão e segurança. Durante a jornada, ninguém está só. E é imprescindível que essa seja uma sensação mútua e geral. As pessoas precisam entender que se trata de um espaço em que podem falar sem ser retaliadas. Um ambiente que torna possível criar e fazer.

O senso de missão precisa existir em cada um que está envolvido com a conta e, para isso, há a necessidade de sensibilização de estratégia e importância. Se "missão dada é missão cumprida", então, não há quem compre o propósito e desista, mesmo quando a coisa fica difícil.

> Implementação tem muito a ver com o sistema de trabalho, onde se estrutura o modelo operativo, onde buscamos o modelo que será utilizado dentro do ecossistema laboral para suportar o projeto definido.

Por isso, a primeira ideia é definir a abordagem que faz sentido para a iniciativa decidida. Dentro da iniciação, claro. É a hora de decidir quais serão as armas que usaremos para chegar aonde queremos. Será que chegou a hora de testar uma nova fórmula? Ou será que preciso rodar o que já sei e trabalhar uma nova ação? Fica nítido que o "como" faz parte da jornada de aprendizado e implementação.

O que me faz pensar em uma eventualidade: se o objetivo é entregar resultado ou fazer uma descoberta sobre uma inovação (seja um projeto, produto, serviço ou experiência), não seria o sistema operacional, então, o subproduto?

Se alguém levantasse a mão, sentiria o clima tenso. Meetings decisivos tendem a deixar todo mundo em estado de alerta. Mesmo sendo um assunto que eu estudo para caralho, malucamente, há uma inevitável sensação de insegurança com o que pode vir de fora.

Tentei manter um clima agradável, onde eu pudesse simpatizar de verdade, mesmo com alguém que fosse me bater (psicologicamente falando). Quando algo desse tipo é *fake*, a máscara cai rapidamente. Eu preciso ser constantemente empático, mesmo quando estou falando sobre o cliente que, de tão tenso, não deu nem bom-dia ao entrar na sala.

O início do encontro foi tudo aquilo que eu já sabia: questionamento de números que não vieram, cobrança de *playbook* já batido, pedido de mudança estrutural. Como às vezes o óbvio precisa ser dito, mas como eu falaria que o problema era estratégico?

Vi todos os nossos gestores quase rebolando para ganhar a Corp. Mas o dono da empresa só dizia que não havia como continuar. A cara amarrada, os braços cruzados e o tom de voz grosseiro me faziam ter certeza de que havíamos perdido aquele contrato.

— Vocês ficaram meses com isso nas mãos e não souberam me apresentar nada novo.

Eu nunca tive uma experiência de quase morte, mas dizem que, quando acontece, vemos um filme passar em nossa cabeça, em questão de segundos. Eu não sei se o que me matava, por dentro, era a minha esperança que morria ou se era a certeza de ter que demitir pessoas se ele cortasse seu contrato conosco; mas, de repente, senti meus batimentos acelerados e tomei um susto, quando ouvi:

— Olha, se você não escutar a gente, não vai alcançar o que quer. — E, para minha surpresa, era a minha própria voz.

O calor interno era tanto que tirei meu blazer e pendurei na cadeira, em silêncio, enquanto sentia todos os olhos da sala cravados em mim. "*Se você começou, meu chapa, agora termina*", pensei comigo mesmo. Então, resolvi que eu não seria aquele que soltaria a bomba, eu seria a própria bomba.

— Nós estamos no meio de um desenho de estratégia e você pode achar que não é novo, mas não há nada, aqui, que você já tenha feito. Você não precisa de uma nova plataforma de pagamentos, precisa gerenciar a que já tem — afirmei, com toda a força que eu tinha, sem ouvir meu tom de voz tremer em nenhum momento.

Quanto mais falava, mais percebia que precisava dizer aquilo há muito tempo.

Se os caras passassem a organizar melhor o pagamento de seu time, teriam uma galera animada, engajada e mais feliz, que venderia com mais facilidade. Para que mais material do que a venda?

> O *Project Thinking* existe pelas pessoas e todo seu ambiente, o dinheiro é consequência disso.

— Nós temos que materializar o que existe. Com empatia. Se eu só focar o processo e esquecer a jornada, acabou a empresa, não importa quanto tempo de estrada ela tenha.

Expliquei a ele as mudanças que vínhamos fazendo em nossa própria companhia e o que estavam causando em nós. Abri o mapa mental que fizemos a respeito da Corp e as mudanças que pensamos para implementação. Os braços do cliente descruzaram e, pela primeira vez, vi quase um sorriso; percebi um brilho nos olhos.

Eu não tinha certeza de que sabia daquilo, até perceber que não havia nenhuma outra voz ecoando na sala. Não acredito que estava sendo um mestre ou guia, mas algo que falei atingiu uma profundidade diferente.

Ninguém me questionou nem uma vez sequer durante os vinte minutos em que expus tudo o que havíamos estudado. "*Macho, o que esse maluco aí está falando?*", deve ser o mínimo que o gestor pensou.

Fato é que lancei o mundo real na roda. Não adianta nada ter uma postura chique; uma reunião cheia de firulas; uma blusa de marca, estampada no bolso, para impressionar, se, na hora do "vamos ver", eu não conseguir transmitir a ideia que vai transformar tudo.

Se alguém nos procurou, foi porque não sabia o que fazer. Se eu sei, preciso mostrar isso. Quando eles pensam que não sabemos para onde ir, já fomos e voltamos. É mais ou menos assim. A bola havia entrado em campo e não era só eu quem queria fazer gol.

Ao final, quando o diretor da Corp entendeu que eles poderiam mudar e queríamos ajudá-lo a fazer isso, percebi que ele se desarmou. Ele aceitou começar as mudanças e fez perguntas pertinentes sobre quais seriam os atos iniciais.

Esperei que todo mundo saísse da sala, para, finalmente, começar a respirar. Mandei uma mensagem para Juliana, dizendo que havíamos passado de fase. Recebi uma resposta; mas, dessa vez, não era dela.

"*Cara, eu sabia que você ia salvar sua cabeça, mas não sabia que conseguiria salvar as nossas também.*" Era meu chefe.

Começamos a jogar de verdade. Além *disso*, vencemos o primeiro tempo. E, depois disso, eu jamais aceitaria perder o segundo.

CAPÍTULO 12
EVOLUÇÃO

"Se você quer ser bem-sucedido, precisa ter dedicação total, buscar seu último limite e dar o melhor de si"
(AYRTON SENNA)

O tilintar dos copos de vidro se tocando me fez devanear por alguns momentos. Embora estivesse extremamente feliz de estar ali, há alguns meses eu jamais imaginaria que o escritório inteiro se reuniria para brindar o início de um novo modelo de gestão. É engraçado como a vida brinca de se transformar em apenas alguns instantes!

O bar da rua principal não estava lotado, ainda, pois era cedo. O happy hour pertencia à equipe inteira: era a hora de comemorarmos a luta ganha. A Corp concordou em continuar conosco, com a condição de que os resultados da nova estratégia fossem nítidos desde o começo. Senti vontade de falar do assunto, mas me segurei. Há momentos que pedem para que esqueçamos o trabalho, mesmo quando ele faz parte de quem somos.

É um fato que, desde as pequenas mudanças que fiz na XPTO, tivemos um grande salto. A conexão, a segurança, a criatividade e a confiança do time eram outras. Mas, a partir de agora, as coisas precisariam subir de nível. Mais do que antes. Definida a abordagem, precisaríamos desenvolvê-la e entregar o que prometemos.

Dei um gole na bebida, que pareceu lavar minha alma. Minha cabeça ainda estava em jogo, mas, nesse momento, eu esqueceria da forca.

— E então, quem paga a próxima rodada?

Acontece que, se as inovações parassem, não teríamos o mundo atual. Para existir o celular hoje, Alexander Graham Bell precisou inventar o telefone. Se há 5.500 anos não decidissem inventar a roda, não teríamos os carros. Se os chineses não tivessem inventado a bússola, provavelmente conheceríamos menos do mundo. Se Thomas Edison não tivesse inventado a lâmpada, poderíamos estar à luz de velas. Se Tim Berners-Lee não tivesse criado a internet, não faríamos chamadas de vídeo com aqueles que estão distantes fisicamente.

Por que, então, eu gostaria de ser o mesmo para sempre? Você já reparou que o mundo poderia ter parado se alguém não tivesse enxergado potencial nele?

> **Nunca estamos limitados a ser o que somos. Se por um acaso nos sentimos assim, provavelmente somos nós mesmos que cortamos nossas asas.**

Nem sempre o modo como vivemos equivale ao que sentimos ou ao que sabemos. Especialmente em um ambiente corporativo. Quando juntamos diferentes modos de vida, ideais, realidades e instruções, é normal que nem tudo ou todos se encaixem. Podemos ter uma equipe boa, mas dificilmente teremos apenas craques nela.

Se estou implementando, transformando e realizando uma mudança, é essencial que eu evolua. É preciso sempre subir de nível, para enfrentar novas dificuldades e me aperfeiçoar. Para começarmos a jogar em outro patamar, devemos ter a percepção de valor.

No mundo real, não adianta ter um time que performe extremamente bem e outro que não entregue o necessário, pois a frustração se tornaria geral. A ideia do *Project Thinking* é nivelar os pontos de vista em relação à expectativa do trabalho, tanto do cliente como do time, usando valores como transparência, segurança psicológica, criatividade e empatia.

Não estamos mais falando da evolução de uma marca, um projeto, um serviço ou uma experiência. É preciso chegar lá na frente e enxergar a evolução do time inteiro.

A primeira questão que devemos entender é o objetivo da evolução. Eu queria instrumentalizar a nossa linha de base com os recursos e profissionais que tínhamos. Por isso, fui para o trabalho tentando responder, em minha cabeça: "*O que é importante para aquele conjunto de pessoas?*".

Há quem priorize mais os valores e quem priorize as equipes. Na prática, o melhor dos mundos é a junção de ambos em um equilíbrio justo, a tentativa constante de manter a balança equiparada. A disfunção de um dos dois dá naquela palavra chata que começa com M: merda.

Como precisávamos falar sobre nosso time, eu me encontrava em mais uma reunião de gestores. Diferentemente das outras vezes, eu sentia que havia mais tranquilidade, ao conversarmos sobre o futuro. Por si só, ter uma direção muda o ambiente.

— X, vamos usar KPIs[1]? — perguntou Leonardo, pela primeira vez, num tom normal; que não acusava ninguém e nem cortava ideias.

Eu sabia que ele se referia a indicadores operacionais. Em outras palavras, ele queria saber se eu focaria o processo. Qual o percentual de final de entrega, qual o índice de reaproveitamento, quanto de desperdício... Enfim, aquilo que, dentro de uma operação com ferramentas e processos instrumentalizados, ficaria nítido.

Na situação em que nos encontrávamos, as OKRs[2] pareciam sorrir para mim. "Resultados objetivos com foco em tangibilização" fazia muito mais sentido; seria o GPS da situação, indicando possíveis direções, desvios e até quando (e se) nosso objetivo estaria próximo. Com as OKRs, a avaliação estaria orientada ao resultado — já com os KPIs, os processos é que orientariam.

— Sim, no começo. Vamos iniciar com os processos e, de acordo com nossa evolução, vamos para as OKRs, para que foquemos também os resultados. É isso que a Corp quer de nós.

— Vamos fazer nossos times evoluírem juntos. — Fui surpreendido por meu chefe, que, antes, quase nunca havia pensado em conjunto.

---

[1] KPI é a sigla para *Key Performance Indicator* — em português, "Indicador Chave de Performance". São dados numéricos usados para processos em andamento. Eles servem para analisar o desempenho de um setor, uma ação específica.
[2] Sigla para *Objectives and Key Results* ou, em português, "Objetivos e Resultados-Chave".

Sorri e acenei com a cabeça, sabendo que, fosse qual fosse o resultado daquilo tudo, de alguma forma, a jornada já tinha valido a pena.

Juliana não sabia aonde iríamos; minha mensagem havia sido propositalmente misteriosa. Pedi que ela se vestisse como sentisse vontade, pois a levaria para jantar. Também pedi à minha sogra que ficasse com as crianças naquela noite. Eu queria comemorar com a minha companheira a nossa batalha vencida.

Ela estava perfeita com seu vestido jeans até os pés e seus cabelos escuros soltos, que haviam caído de um coque mal preso. Eu me lembrei de toda nossa trajetória juntos e do quanto devia, também a ela, por minha evolução pessoal. Em qualquer âmbito da vida, às vezes, esquecemos de perceber — e de agradecer — àqueles que mais nos ajudam a evoluir.

Peguei em sua mão e a puxei para um abraço, enquanto andávamos até o carro. Ela sorriu, me olhou com seus olhos pretos e grandes e me perguntou, ansiosa:

— Ainda não posso saber aonde vamos?

Eu ri do seu jeito de menina, mesmo com os quarenta batendo em nossa porta. Sem responder, fiz com que entrasse no veículo parado à nossa frente.

— Madame, você logo descobrirá.

Fomos, no caminho todo, conversando sobre a vida: família, pessoas, trabalho, sonhos. E foi como se nunca tivéssemos chegado perto de uma crise. Sem que ela percebesse, engoli em seco, pois me emocionei de encontrar, na mesma pessoa, o amor da minha vida tantas vezes.

Quando viramos na rua do restaurante do nosso primeiro encontro, seu rosto se iluminou. Difícil de conseguir reserva, havia pedido ao RH da empresa para mexer uns pauzinhos. Juliana me olhou com um sorriso de orelha a orelha e lágrimas nos olhos. Como um espelho, eu fiz o mesmo.

Paramos na porta e, enquanto aguardávamos o manobrista, ela aproximou seu rosto do meu, para sussurrar o que eu jamais esqueceria:

— Nunca esqueça que você é muito mais do que pensa. Eu te amo.

E me beijou.

Acordei animado — resquícios da noite anterior! Então, notei que era mais cedo do que o usual e que eu estava pronto para escrever o que era importante de abordar na XPTO, com relação, justamente, à nova fase que vivíamos na empresa.

Para cumprir um objetivo, em *primeiro lugar*, é necessário entender como está o desenvolvimento do produto ou da experiência.

O *segundo ponto* é simples: como está o ambiente e a mensuração dos pilares e valores do time? A equipe está engajada, com propósito, animada e em sintonia? Quando se trata de inovação, é necessário estabelecer ideias-chave, para enxergarmos para onde seguir e verificarmos se a turma está apta a fazê-lo corretamente.

O *terceiro e último ponto* é tão importante como os outros: quanto aos sistemas operacionais de gestão, quais indicadores fazem sentido para aquele lugar? Todos esses pontos devem estar em harmonia, como em uma orquestra.

A verdade é que a gestão centrada em pessoas muda o jogo inteiro, pois reflete diretamente no mundo real.

> **A ideia é almejar e alcançar um lugar onde as pessoas ajam e vibrem pelo que fizeram, tendo a liberdade de serem quem são.**

Ainda estávamos no início, no primeiro cenário da implementação. Eu tinha ciência de que, com todos os esforços, implementaria, do jeito que desse, entregando o resultado requerido de imediato à Corp. Eu tinha certeza e sentia até um frio na barriga ao dizer isso...

Depois daquela primeira ação, a evolução me levaria por uma jornada e tanto.

PROJECT SPRINT

CAPÍTULO 13
OS COMOS

"Nem todos que procuram estão perdidos"

(J.R.R. TOLKIEN)

Há um pequeno conto de que sempre gostei muito: um menino andava pela beira do mar e parava a cada bolacha-do-mar que via atolada na areia. Ele jogava uma a uma de volta ao oceano. Perguntaram a ele por que fazia isso se, com certeza, suas pequenas ações não mudariam nada e várias bolachas-do-mar continuariam naquela situação.

Ele respondeu que sabia disso, mas, para aquela que ele jogou de volta na água, ele estava fazendo a diferença.

Depois de mergulhar em livros, palestras e aulas, eu queria jogar tudo o que sabia na minha equipe. Eu tinha consciência de que ela era extremamente hábil. Mas não o fiz. Afinal, não podemos ser pequenos Thanos por aí, tentando mudar o mundo num estalar de dedos.

Ninguém implementa soluções mudando completamente a forma como algo está sendo operado; não dá certo.

Eu sei que temos ferramentas transformadoras, que ajudam a fazer um desenho da implementação e materializá-lo aos poucos, mas também não há como esperar para ver onde conseguimos encaixar o que sabemos. O resultado disso é perder o timing e demorar demais na abordagem.

Não tem segredo. Para implementar, comece na perspectiva do interativo incremental: pegue o que já é colocado em prática, experimente e evolua esse modelo.

— Eu sei que estamos todos muito animados com o que descobrimos juntos, mas, para dar certo, eu não acho que todos os *squads* devam usar o *Project Thinking*.

Eu não havia gritado *"Eureka"*, não havia insultado ninguém e não estava em um funeral. Porém, em questão de segundos, todos os olhos da sala se dirigiram a mim. Um silêncio quase constrangedor pairava no ar.

— Por quê? — ouvi alguém, finalmente, questionar.

— Porque não podemos deixar que todos façam o novo. É um risco muito grande testar o modelo em tantas equipes de um mesmo cliente. O antigo também dá certo. Vamos fazer quatro equipes: duas operando a nova gestão e duas, a antiga. Assim, exploramos uma amostragem do novo, mas não mudamos o cenário todo. O que acham?

— Se fizer sentido, como achamos que faz, vamos operando mais? É isso que você quer dizer? — Mateus parecia aliviado.

Por um momento, achei engraçado como algo novo pode inspirar tanto, a ponto de se tornar quase insubstituível em tão pouco tempo.

No início, a tendência é que nos preocupemos com os "comos" processuais. Mas não há por que se segurar nisso. Em alguns modelos, principalmente nos tradicionais, é possível desenhar um processo que só demonstre a necessidade de um mapeamento passo a passo na entrega. Nesse ponto, é só materializar o processo e suas ferramentas.

— Vamos trabalhar com implementação orientada a resultado agora.

Por incrível que pareça, todos concordaram.

Não há tempo certo para fazer uma implementação ser bem-sucedida, mas houve um período mínimo que acordamos para esse projeto: 18 meses. Para alguns, também poderia ser algo entre 18 e 24 meses. Pode parecer muito; porém, às vezes, é o necessário para obter bons resultados.

Cada etapa dessa implementação compreende um processo. No início, que chamamos de Q1, *iniciamos a execução* e entregamos provas concretas comprovando o que oferecemos. É quando temos muita animação por ver o planejamento tornar-se real; e o melhor, ao vivo e juntos.

Já ouviu falar que ninguém pode atravessar o mesmo rio duas vezes? Imagina, então, no meio corporativo. Se você já aprendeu a fazer algo, a experiência mudou sua percepção. Então, é hora de *descer para o play*. O Q2 *nada mais é do que esse momento*.

Quando muitos problemas acontecem e precisamos contorná-los, surgem as dúvidas. Essa é a fase que parece mais longa, por dar mais trabalho. Se estivéssemos falando de um seriado fictício, seria a terra devastada, atravessada pelo príncipe. Nesse momento, parece que nada vai dar certo. Com certeza, surgirão muitas dúvidas, questionamentos de posicionamentos, muitos erros e frases como:

— Porra, era para a gente ter feito a entrega disso. Agora deu merda.

A única solução é arregaçar as mangas e botar a mão na massa. Esse é o Q3, *uma fase de transição* onde consertamos falhas comuns da execução em larga escala. Tudo para chegar à glória do Q4, *o ponto alto da jornada*, quando os resultados finalmente começam a ser atingidos com consistência. Daí para frente, é só seguir adiante. O negócio deslancha.

As duas primeiras fases são extremamente desafiadoras, pois marcam o início de uma transformação significativa. É comum que muitos se sintam tentados a desistir nesse ponto crítico — a transição do Q1 para o Q2 — especialmente quando percebem uma mudança na abordagem de liderança. Inicialmente, se um líder tenta levar adiante a implementação sozinho, sem envolver sua equipe desde o começo, pode inadvertidamente transmitir uma mensagem de desconfiança ou desvalorização das habilidades do grupo. Quando esse líder, percebendo a necessidade de apoio, finalmente convida os demais a se envolverem, a equipe pode já estar desmotivada ou se sentir sobrecarregada pela pressão repentina. A colaboração desde o início não apenas acelera o processo, como uma casa que levaria quinze anos para ser construída por uma pessoa pode levar apenas oito com cooperação, mas também evita a sensação de isolamento e sobrecarga. Além disso, acreditar que rapidez no desenvolvimento de um software é sinônimo de agilidade é um equívoco; a verdadeira agilidade vem da capacidade de trabalhar bem em equipe e adaptar-se eficientemente às mudanças.

> **Agilidade mesmo é entregar aquilo que você precisa, no tempo que precisa. Essa é a *Q4*, uma cadência de resultados construída sobre os processos anteriores.**

Verdade seja dita: na vida, seja o que for, ninguém aprende de um dia para o outro. Mas, depois que pegamos o jeito, fica mais fácil criar abordagens que resultem em algo ainda mais diferente. Minha cabeça estava no aqui e agora, mas também no futuro. Eu queria ir longe, sabia como fazer e queria levar todo o meu time comigo.

— Eu vou fazer o pré-projeto. Mas, Mel e Mateus… vocês se sentam aqui do meu lado, tá certo? — Ri baixinho, eles sorriram em resposta. Esfreguei minhas duas mãos, uma na outra, como se isso pudesse me aquecer para o que viria. — Bora construir?

— Vejo alguns resultados palpáveis, mas como vocês fizeram esse início? — Era Lúcia, sócia da Corp, para quem apresentávamos os primeiros resultados do projeto.

Não poderíamos dizer para a cliente de maneira tão direta, pois ela acharia que haveria sido feito de um jeito chulo, mas a verdade é que os resultados e entregas foram materializados conforme implementávamos a nova gestão nesses primeiros dois meses. Não existe fórmula mágica, a não ser a de aprender fazendo.

O projeto acontece, as entregas funcionam e a implementação é natural. Esse primeiro modelo precisa rodar por si, para que surja uma nova jornada. E isso só funciona através de treinamento, operação assistida e novos desafios.

— Trabalhamos juntos — Mel teve um insight mais rápido. — Começamos esboçando o que vocês já faziam.

Ela não estava mentindo, mas contava a verdade de uma maneira muito bem pensada. Não existe terceirização em inovação. É o "desce para o play" em alto e bom som. Lúcia ia se encantando, conforme o projeto era apresentado. Senti alívio; tinha valido a pena até aqui.

CAPÍTULO 14

PROJECT SPRINT

> *"A imaginação é mais importante que o conhecimento, porque o conhecimento é limitado, ao passo que a imaginação abrange o mundo inteiro"*
>
> **(ALBERT EINSTEIN)**

Sempre fui criativo. Desde criança, ouvia de minha mãe que eu tinha a cabeça nas nuvens. Aquele era só mais um dia em que tudo acontecia dentro da minha caixinha ambulante. A XPTO estava em silêncio, cada um concentrado em seu devido trabalho, mas, dentro de mim, tocava uma sirene.

Algum tempo depois da nossa primeira experiência com a Corp, eu encarava a tela do computador e, no meu cérebro, ouvia um narrador de filme americano: *"isso não é um teste, é o sistema de transmissão de emergência nacional. Ao toque da sirene, procure um abrigo"*.

Tínhamos um problema real: a YBO, grande marca de farmácias, trouxe uma dor para solucionarmos. Com o perdão do trocadilho, eu encarava um B.O. bem de frente. Neste momento, você pode se perguntar o porquê do meu desespero (se, tecnicamente, esse era nosso trabalho).

Esse era o segundo projeto em que aplicaríamos o *Project Sprint* e eu estava com receio do desenrolar. Confiava em minha abordagem, mas todo começo vem com a ansiedade do "e se...". E se desse tudo errado? E se o método não fosse o suficiente? Aquilo me deixava inquieto; principalmente, por a YBO ser grande em minha cidade.

O cliente chegou com a solução que enxergava: precisava mudar o ponto de venda. Reunimos nossa equipe e a dividimos em dois grupos, com o intuito de aproveitarmos o fato de sermos multidisciplinares. Queríamos e precisávamos de muitas ideias.

O primeiro ponto é compreender a dor. O segundo é empatizar. E por aí vai, até o quinto ponto, que é a hora de testar o produto. Constatamos que a experiência de compra havia sido rápida, mas ainda havia alguma coisa que aumentava as reclamações on-line. A tecnologia também trabalha para nós; por isso, analisamos cada comentário dos posts do cliente. Foram três dias de cocriação em uma série de atividades, como discussões, conversas empáticas, testes de rua...

Descobrimos o problema: a fila para compra havia demorado vinte minutos. Para Mateus, o tempo passou rápido, enquanto ele se distraía com seu celular. Para o desconhecido que estava doente, em pé, a espera foi motivo de reclamação na loja. *"Por que tem tão poucos caixas?"*

Ao chegar na empresa, sentamos à mesa em uma reunião rápida. No final, o mapa à nossa frente revelava a maior questão: era a prática de troca de produtos que ocupava os caixas, levando um tempo maior (pelas questões de legislação). Não seria necessário abrir mais pontos de venda, ou contratar mais funcionários, se existisse um ponto especial para as trocas.

— Vamos dizer isso a eles! — Mateus bateu na mesa, animado, como se tivesse descoberto uma mina de ouro.

— Calma — falei. Ao que parece, esse é o verdadeiro problema. Mas precisamos confirmar.

A sala me olhou, confusa.

— Uma solução mágica que diminua a jornada na loja é incrível, mas eles já falaram com o financeiro, então, temos que verificar se não perceberam algo além disso, saca? Há mais setores envolvidos que precisamos ouvir, antes de tirarmos conclusões.

O segundo grupo trouxe realmente a mudança do sistema de Ponto de Venda (PDV), que é a tecnologia usada para realizar vendas e transações com clientes. Particularmente, eu achava que o problema era maior que isso. Mas essa é a graça do *Project Sprint*: por ter várias pessoas diferentes, há vários repertórios, que, juntos, nos trazem ótimas possibilidades de resoluções.

Para continuarmos daqui, é necessário entender o que é ROI e o que é *Save*. O Retorno sobre o Investimento (ROI) é um esforço específico para algo e a mensuração de seu retorno. Aquilo se paga? É ação e reação; um investimento que retorna.

Save diz respeito à ação do projeto, o quanto você deixou de gastar em uma determinada ação. No final, estamos falando acerca de retorno sobre o investimento no mercado.

Para a YBO, fizemos o ROI. Eram 25 mil funcionários. Muita gente! Das suas 1.300 lojas, implementamos a nova ação em 500 — o suficiente para economizar uma folha inteira de salário, sem depender de nada a não ser do ajuste de processo, com uma tecnologia que poderia ser feita em casa, se quisessem.

Em tom de brincadeira, batizamos o método de *Project Sprint* que, em inglês, refere-se a um tipo de corrida rápida. Nela, o atleta tem que percorrer uma distância curta em um período ainda mais curto. Qual outro trocadilho se encaixaria tão perfeitamente, se, como profissional, estou correndo e vou dar um *sprint* em um período de tempo relativo?

> **O *Project Sprint* é um método para resolver problemas complexos, aqueles mais difíceis de encontrar, e que, claro, não são óbvios.**

Está tudo bem testar possibilidades, mas a primeira ação necessária é responder à questão: se tem um problema, por que ainda não foi resolvido? Depois de saber os motivos... a parada é fazer diferente.

Já diz o ditado que, se conselho fosse bom, todo mundo vendia. Mas, se eu pudesse te dar um único conselho, seria para "construir fazendo". De preferência, com uma equipe, mas nunca 100% com seu cliente.

O *Project Sprint* sempre tem um patrocinador. Geralmente, seu papel é expor a situação, tirar dúvidas dos times e retornar, no final do projeto, para aprová-lo — ou não. Se essas ações não acontecerem assim, coloque sua armadura para encarar as porradas do que costumo chamar de Teoria da Bicicleta Quebrada.

Não sei se você já viu uma bicicleta na revisão, mas ela fica inteiramente desmontada no chão, pecinha por pecinha. Se você a vir no meio do processo, vai tomar um susto.

— Puta que pariu! Quebraram minha bicicleta. Esse sujeito *não vai mais saber montar*!

O ambiente de criação do *Project Sprint* precisa ser de valor, segurança psicológica, e orientado sob o *Project Thinking*, a ponto de ninguém ter vergonha de sugerir ou perguntar. Como em Las Vegas, o que acontece lá fica lá! Tranquilamente. Mas, se seu cliente aparecer no meio do processo e flagrar as pecinhas desmontadas, ele vai achar que aquilo não tem nada a ver com o que pediu.

O lance é acreditar na jornada; o resultado vai dar certo!

Por mais otimista que eu fosse, a reunião da YBO me deixava nervoso só de pensar. Havíamos mandado para eles uma prévia, mas, quando o dono da empresa, um baiano arretado e falante, entrou na sala calado, eu pensei: *"Fodeu. Eles não vão nem pagar"*.

E, se não o fizessem, eu não tinha como quitar as contas de casa.

O projeto não tinha nada a ver com o que ele queria inicialmente, mas desconstruímos, entendemos o real desafio e desenvolvemos as soluções. O problema era complexo, mas, como sempre, era preciso entender as possibilidades, para produzir resultados diferentes.

É difícil apresentar seu projeto porque, muitas vezes, a ideia de inovação vem ligada a imagens de drones correndo pela sala e botões mágicos. Mas, frequentemente, fazer o básico — não óbvio — é a maior inovação que se pode ter. E isso pode ser frustrante para quem espera algo muito diferente.

É como dizia meu avô: todo mundo quer ir para o céu, mas ninguém quer morrer. Apresentamos tudo o que tínhamos e a resposta foi o silêncio. No final, quando não havia mais nada a dizer, César, o proprietário, levantou-se.

— Isso era tudo o que eu queria! — disse ele, com o sotaque da Bahia que eu tanto gosto de ouvir. — Esse projeto se conecta muito com o que queríamos e nem sabíamos!

Ele ria. Eu também.

— Há quase seis anos eu penso em qual é o problema... nunca pensei que era uma legislação de faturamento diferente que me faria crescer.

Se ele soubesse o que eu pensava, talvez risse... *"Nem eu, César. Nem eu."*

CAPÍTULO 15
PRÉ-REQUISITOS

"Logo que, numa inovação, nos mostram alguma coisa de antigo, ficamos sossegados"
(FRIEDRICH NIETZSCHE)

Naquela mesma noite, deitei a cabeça no travesseiro e pensei no caminho que percorria profissionalmente. É difícil nos tornarmos a pessoa que imaginamos que seríamos com determinada idade, mas eu estava orgulhoso dos tijolinhos que empilhava em minha construção pessoal.

As perspectivas que temos, ao viver, são sempre diferentes das que temos ao teorizar. Demorei um pouco para aprender isso, mas penso que "antes tarde do que nunca". Para quem não sabia o que seria da vida, até que eu estava indo bem.

Pensando em equipes, há uma linha de raciocínio muito perspicaz, a meu ver: times multidisciplinares. Em uma jornada de inovação, quanto mais eclética for a turma, mais sentido a solução fará. Em outras palavras, a inteligência coletiva transforma. Foi isso o que aconteceu com a Corp, quando nos unimos para chegar a algum lugar, ainda que não soubéssemos qual. A somatória de nossas inteligências é maior do que nossa inteligência sozinha.

> **Temos três nortes essenciais, segundo nossos valores: evolução, transparência e adaptabilidade.**

Com o intuito de alcançar um resultado, vou colaborar com meu colega, ajudá-lo, ir além das expectativas e evoluir. Também vou adotar a simplicidade, pois nem sempre precisamos ser complexos para inovarmos. Porém, é importante reiterar: o simples não é simplório. Ao longo do trabalho, também vamos nos adaptar às diferenças e particularidades de cada membro da equipe. Na verdade, aprenderemos a valorizá-las.

Apontar dedos nunca foi resposta para nada. Por isso, dar segurança psicológica ao outro, dentro de um ambiente delicado como a jornada de um projeto, é seguir o que aprendemos no *Project Sprint*: todo mundo pode ter voz, não importa a hierarquia laboral.

Um projeto sem liberdade criativa e confiança produtiva não caminha de maneira tão fluida. Essas duas vertentes são irmãs. Se deixarmos que as pessoas deem suas opiniões com respeito, compreensão e empatia, ao mesmo tempo em que confiamos estarmos juntos e sabermos, cada um, nossa responsabilidade, teremos um ambiente mais feliz.

Relembrando: seja em qual etapa for, transformações sempre ocorrem como projetos, e não como processos. Por quê? Porque o processo é contínuo, acontece sempre, como uma regra da empresa. E, por estar engessado, não há mudanças. Quando precisamos que haja transformação, não podemos seguir o mesmo processo de sempre!

É aqui que iniciamos o *Project Thinking*, para MUDAR o processo e criar uma forma diferente de fazer aquilo. É uma constante evolução, que pode acontecer com ou sem patrocínio para bancar as mudanças. Vá e faça o que puder.

Nesse momento, como se me tirassem dos meus devaneios, vi os olhos de Juliana me fitarem por um longo período. Percebi que estava deitado ao seu lado, esse tempo todo, em silêncio. Ela sorriu:

— O que é que se passa nessa cabecinha?

— Talvez você ache chato, quer mesmo saber? — eu disse, tendo consciência que estava devaneando sozinho. Ela assentiu.

— Hoje, na XPTO, fizemos uma reunião com os diretores e, quando falei que a empatia era um processo, foi um bafafá. Eles achavam que era uma maneira de conseguir algo, uma fase de abordagem, mas é um trabalhar direto, sabe?

— Esses dias, você estava ouvindo um podcast de um professor que falava algo sobre isso, não era?

— Isso. Aquele de Stanford.

— Eu achei tão interessante. Ele falou que, para evoluir, eram necessários o que mesmo? — Ela deitou sua cabeça em meu peito.

— Quatro elementos: nível correto de burocracia para não ficar chato; ter conexão com a cascata...

— Que quer dizer? — Ela riu. Aquela risada que eu amava.

— Que tudo o que decidimos tem que estar conectado com o restante do ciclo.

— Tipo que o que decidem lá em cima deve ter a ver com o que estão fazendo lá embaixo? Por isso "cascata"? Faz sentido.

— Para mim, o que ele fala de que eu mais gosto é a questão de mobilizar emoções. É gente com gente, lidar com os sentimentos das pessoas.

— Olha, eu te amo muito, porque vejo você falar disso e te admiro ainda mais. Tenho muita dificuldade para lidar com emoções — ela confessou, baixinho, como se não fosse motivo para se orgulhar.

Fiz carinho no rosto de Juliana e respondi:

— Você acha que eu sempre entendo as pessoas? Tem várias vezes que quero matar um! — Rimos juntos, enquanto ela acariciava meu braço.

— Sabe o que aconteceu hoje? Tinha esquecido de te contar.

Juliana continuou em silêncio, me dando espaço para falar.

— Fui conversar com o Pedro, eu tinha que dar um feedback de produção para ele. No meio do rolê, falamos sobre sonhos e ele me confessou que queria dar uma vida melhor para a mãe dele.

— O que ela tem?

— Eu nem sabia, mas ela não consegue andar por causa do joelho. Porém, não conseguiu se aposentar e está sofrendo financeiramente.

— Tadinho... E não tem algo que dê para fazer? — Juliana me questionou, e eu podia ver sua mente trabalhando em mil possibilidades.

— Tem! E eu fiz. Liguei para meu irmão.

— MEU DEUS! — Ela se levantou um pouco, empolgada. — Ele é advogado do direito previdenciário trabalhista.

— Sim! — eu respondi, tão empolgado quanto. — Eles começaram o processo da entrada da aposentadoria, e ela pode se aposentar em quinze dias!

Juliana me abraçou, como se fosse um parente nosso. Ficamos tão felizes, que nos beijamos apaixonadamente. Depois, em um silêncio cômodo, de quem tem intimidade, nos abraçamos para dormir.

— Eu tenho orgulho de você. Você é um líder foda — ela disse, baixinho, sonolenta.

Eu a abracei ainda mais apertado, feliz. Com as palavras dela ecoando em minha cabeça.

— E o último? — ela disse, depois de um longo tempo, mesmo quando achei que ela havia dormido.

— Do que você está falando?

— O último elemento do professor de Stanford...

— O que te deu hoje? — falei, em tom animado.

— Eu gosto quando você me dá aulas de gestão.

— Sempre temos que pensar que estamos ruins e precisamos ser bons. Como sair do zero para um, como pegar algo ruim e pensar em uma parada muito boa.

— Tem um jeito de fazer isso? — Juliana queria saber, genuinamente.

— Há um negócio que os americanos chamam de *accountability*[3], um prestar contas que os gestores pre-

---

[3] *Accountability* seria "responsabilização", remetendo à obrigação que os membros de um órgão administrativo ou representativo têm de prestar contas a instâncias controladoras. Também conhecida como "prestação de contas", significa que quem desempenha funções de importância na sociedade deve responder pelas suas ações.

cisam fazer para além das circunstâncias relacionais. É o que chamamos, no Brasil, de contabilidade, de prestar contas daquilo que nos foi confiado. Tem muito a ver com relacionamento e confiabilidade e pouco a ver com recompensa pelo realizado. Tem a ver com fazer o time trabalhar porque se acredita naquilo, e não somente pelo que se pode ganhar.

Ainda falei com Juliana sobre os pilares da contabilidade. O primeiro é definir as expectativas do time: o que é necessário para chegar do outro lado, aquilo que vão querer para alcançar o objetivo.

Depois, saber que as más notícias não vão melhorar com o tempo. Se não discutirmos o negativo, não iremos solucioná-lo. Nada vai acontecer.

O terceiro ponto é trabalhar a melhoria sem levar para o lado pessoal. Não interessa o que achamos de alguém, o que importa é o desempenho dessa pessoa. A dosagem certa entre empatia e cobranças é desafiadora. Mas é certo que, no final das contas, os boletos vencem e as contas vêm.

Em um ambiente profissional, há a necessidade do pragmatismo. Geralmente, quando um trabalho evolui, quase viramos uma máquina de produção. Mas, para crescermos socialmente com uma empresa, será que temos que trabalhar tão duro? Será que é disso que precisamos?

> Costumamos pensar que, quanto mais responsabilidade, mais sucesso teremos e, consequentemente, mais dinheiro, poder e capacidade. Mas, no final do dia, será que é isso o que realmente queremos da vida?

Juliana não respondeu e, quando vi, ela havia dormido em meus braços, como se eu contasse uma história de ninar. Sorri satisfeito e fechei meus olhos, finalmente. A última lembrança que tenho, antes de cair no sono, é um tanto perturbadora (se a gente parar para pensar). Como um reflexo do que estávamos conversando, dormi perguntando para mim mesmo:

"*O que você quer da vida?*"

Acordei, e aquele era um dia diferente dos outros. O sol estava a pino, o céu bem azul, mas, em minha mente, parecia nublado. Não importa quantos cursos eu tenha feito; para mim, demitir alguém sempre é uma tarefa difícil.

Samara, parte do *squad* responsável pela YBO, não parecia empolgada com a empresa, o objetivo e os desafios. Além de tudo, ela não parecia ter conexão com as pessoas — e sua entrega andava ruim.

— Eu já sabia, X — ela me disse, quando anunciei sua saída. — Eu entendo e, sinceramente, está tudo bem para mim.

Percebi, com certo alívio, que ela realmente estava esperando por essa atitude de minha parte. Relembrei que é necessário tomar cuidado para a empatia não se tornar romantismo. Afinal, quando não tem conexão, não há nada mais a fazer.

Ainda assim, não deixei que ela saísse da sala sem perguntar:

— Aqui entre nós, você realmente está bem?

A maior parte das pessoas diz que é extremamente importante não misturar o pessoal com o profissional, mas eu discordo. Ninguém fala sobre isso, mas defendo que você se envolva e se conecte o quanto puder. Estamos falando de pessoas, não de números ou vagas.

Ela sorriu e pareceu ser de verdade.

— Eu realmente estou bem, X. Um dia, eu chego lá. Obrigada por sempre me perguntar isso, em todos esses meses.

CAPÍTULO 16
EMPATIA

"Ache belo tudo o que puder. A maioria das pessoas não acha belo o suficiente"
(VINCENT VAN GOGH)

O óbvio precisa ser dito: conhecer os seus limites, aceitar-se e se respeitar é empatizar consigo mesmo. Dentro de um ambiente profissional, é o que vai fazer você ser respeitado. Se eu souber meus limites como ser humano, conseguirei ajudar quem esteja ao meu lado.

— Eu preciso de silêncio. Sei que não estamos chegando em lugar nenhum, mas vamos conseguir — eu disse, tentando manter minha voz tranquila. A sala pareceu até parar de respirar. — Vocês não entenderam. Eu não estou conversando para que façam o que quero, não estou perguntando se uma pessoa está bem para que ela me considere bonzinho, eu não estou tentando entender quem está abaixo de mim para que vendam mais. Eu realmente me interesso pelo próximo!

Era a minha voz que batia nessa tecla, mais uma vez. Se eu fizesse um gráfico de lucros, a XPTO se mostraria em constante evolução. Mas, em relação à empatia, ela caía. Estava se tornando manipulação. O que eles estavam tendo não eram conversas empáticas.

Eu precisava esclarecer novamente a noção de empatia e colocar a conversa de volta nos trilhos. Lembrei-me de Otto Scharmer e sua teoria U, quando fala sobre as vozes. Em relação à transformação, sempre precisamos calar nossas vozes. Esqueça a voz de julgamento. É importante trabalhar a mente para que ela esteja sempre aberta, diariamente.

É muito diferente quando alguém tem uma atitude que não condiz com o respeito ou a normalidade e o primeiro pensamento que temos é:

— Cara, por que será que fulano agiu assim?

A segunda voz que é essencial ser silenciada é a voz do cinismo. Porque, se eu não faço isso, torno-me arrogante e frio e, consequentemente, dou um mergulho raso. Se eu uso essa armadura, me afasto de quem está ao meu redor e perco conexões que poderiam existir. Preciso estar verdadeiramente preocupado com o próximo.

A última voz que temos que cair dentro de nós é a voz do medo. O receio é paralisante. Mas, se estamos de mente, coração e vontade abertos, é só se jogar, bebê! Dessa maneira, o rolê vai acontecer. E não é magia, é trabalho. São valores praticados.

— Galera, vamos relembrar os valores do que aprendemos? — perguntei, na esperança de que alguém entendesse o que eu queria dizer. Sem valores em prática, vai dar merda. A conta é bem simples. Ninguém consegue fingir empatia o tempo todo.

— X, eu queria falar com você — disse Márcia, da contabilidade, enquanto se sentava diante da minha mesa.

— O que aconteceu? — perguntei, nervoso, pois sua expressão não parecia boa.

— Eu estou achando o Mateus extremamente grosso hoje. Ele foi à minha sala e entrou sem bater, cobrando coisas que são do time todo como se fossem culpa minha. Eu vim falar com você porque ele é seu funcionário, e achei muito antiético o que ele fez.

Respirei fundo, antes de respondê-la. Nessas horas, qualquer palavra pode ser usada contra você.

— Márcia, eu sei que a tendência é exatamente essa, mas será que algo aconteceu com ele, pessoalmente? Porque ele...

— ...ele não é assim. Exatamente — ela completou.
— Puta que pariu, eu só julguei. Eu não empatizei nada com ele. Obrigada, vou lá ver o que ele tem! — ela disse, sem esperar que eu lhe respondesse, levantando-se empolgada e genuinamente preocupada.

Aproveitei a quebra do meu fluxo de trabalho e fui conversar com o Fábio, do laboratório sensorial, para quem eu havia pedido um job para o mesmo dia e não havia recebido ainda. Eu já sabia o que isso significava.

— E aí, queridão, saiu algo? — disse, sorrindo, enquanto batia em sua porta, colocando o meu rosto para dentro.

Entre risadas, ele pediu para que eu me sentasse, pois explicaria o que estava acontecendo. Antes de fazê-lo, ouvi:

— X, preciso te confessar que, se fosse meu antigo diretor, eu estaria morrendo de medo, mas contigo não.

— Se te serve de consolo, eu também não tenho medo de te cobrar incisivamente, porque, se você não sabe fazer, pode me dizer, eu te ensino. Se precisasse umas duzentas vezes, eu o faria.

— Cara, me desculpa. Minha antiga empresa mandava para a agência, eu estava tentando entender como faria.

— Oxe, a missão é sua! Vamos lá na sala que tem lousa — eu falei para ele. — Vou te ensinar é agora.

Talvez, para muitos, seja estranho ver alguém se importar com o outro. Eu queria que ele aprendesse independentemente da minha necessidade, pois aquilo seria importante para toda a carreira dele.

> Os movimentos organizacionais sempre foram preconceituosos. Não há problema em quebrar modelos, o importante é separar quem não pode de quem não quer.

— Era isso? — disse Clara, do financeiro. — Mas isso eu já sabia.

— Com todo o respeito, mas por que você não havia feito, então? — perguntou Márcia.

O clima estava tenso, pois era um dia de decisões financeiras a respeito das contas que tínhamos: qual o budget que usaríamos para cada empresa?

— Eu não acho que dê para fazer reunião hoje — completou Clara. — Não estou com cabeça e acho que será improdutiva para todos nós.

Parei a reunião que havia acabado de começar e resolvi fazer uma dinâmica, para aliviar a energia hostil que eu percebia.

Os processos de descoberta são essenciais para cultivar a empatia dentro de um grupo. O que parece óbvio para uma pessoa pode não ser para outra, revelando a diversidade de perspectivas e experiências. Reconhecendo essa diversidade, propus um desafio simples, mas poderoso: cada um deveria expressar algo positivo sobre outro membro do grupo. Este exercício não era apenas sobre destacar qualidades, mas sobre olhar para o outro com uma lente de apreciação e compreensão. Em poucos minutos, a atividade transformou a atmosfera da sala. Sorrisos surgiram e a energia mudou, à medida que todos começaram a se reconectar em um nível mais profundo. Esse momento de compartilhamento positivo demonstrou na prática como a empatia, através do reconhecimento e valorização mútua, pode reforçar os laços entre as pessoas, facilitando uma maior cooperação e entendimento.

Muitas vezes, a empatia é limitada ao positivo ou negativo. Julgamos que, se alguém parece estar bem financeiramente, feliz, ela não tem problemas. Mas, se uma pessoa é bem-sucedida, ela não tem direito a um dia ruim?

As tretas organizacionais rolam quando a gente esquece daquela base da empatia. É um ciclo que se repete: se deixamos a empatia de lado, os problemas vão aparecer, um atrás do outro, nessa mesma vibe. A parada é ser empático no dia a dia. Isso inclui jogar na roda opções diferentes e buscar resolver os perrengues. Empatia é isso. É tentar pegar a visão do outro, entender a sua onda para podermos seguir juntos. Quando a gente age assim, naturalmente, os resultados positivos vêm no mesmo caminho. Então, bora colocar a empatia como nosso ponto de partida e ver as coisas mudarem pra melhor.

Para mim, a mágica da Sininho não existe no mundo corporativo. A união e competência multidisciplinares podem dar tão certo quanto dar uma merda gigante. O importante é que, em conjunto, as coisas ficam mais leves e os resultados aparecem no fim do caminho. O que não dá é para unir-se à dificuldade e ficar parado.

Ainda que eu estivesse ali mais pelo cargo do que pela situação em si, já que era uma questão do financeiro, entendi que o problema era responsabilidade de todos. Não dá para se limitar à sua própria função e deixar que o mundo desmorone ao seu redor. Portanto, durante os próximos quarenta minutos, pensamos em soluções e causas, como uma equipe.

Se tudo der certo, ser empático — como empresa — é entregar aquilo que o cliente precisa. Ser empático é simplesmente perceber que você é um ser humano.

CAPÍTULO 17
IDEALIZAÇÃO

"Sentir é criar. Sentir é pensar sem ideias e, por isso, sentir é compreender, visto que o Universo não tem ideias"
(FERNANDO PESSOA)

O ditado diz que "mente vazia é oficina do diabo". Caso perguntassem para mim, diria que o que importa mesmo é que se torne uma oficina, foda-se de quem. A verdade é que sempre tentamos ir além e ter novas ideias.

Se você parar para pensar, em todos os momentos de nossa vida, estamos idealizando. Abordar um novo modelo de gestão é um processo de idear. Na XPTO, tínhamos passado por fases importantes: compreender o desafio, criar a conexão pessoal com os projetos e pessoas e manter empatia uns com os outros, todo o tempo. Ou em quase todo.

Ao longo da ação, trabalhamos pilares que ainda precisavam de um *plus*: a criatividade e a inteligência coletiva. Agora, precisávamos pensar em união sobre como iríamos solucionar (juntos) os problemas, e as oportunidades que teríamos para fazê-lo.

Era a chance perfeita para dar ideias que poderiam ser julgadas doidas, porque agora elas poderiam mudar o jogo todo. Mas não as julgue. Deixe o rolê fluir. Quanto maior sua conexão com seu time, mais conectados todos estarão.

— Agora vem aqui com a minha ideia... — Eu me referia ao meu pensamento, de pé, em frente à lousa na sala onde trabalhava. — Vocês já pararam para pensar na loucura de quando decidiram criar a roda?

Ouvi risadas vindo de todos os lados. Eu não tinha nenhuma reunião marcada, mas senti o clima do escritório e resolvi conversar um pouco, uma vez que havíamos passado a metade do projeto da Corp e caminhávamos para o final.

— Vocês acham que é brincadeira? Todo mundo pega o *post-it* aí da sua mesa e escreve algo que poderia nos ajudar nesse impasse.

Por incrível que pareça, vi várias mãos escreverem nos papéis amarelinhos. Aquele momento era perfeito. Tanto que, se eu pudesse, eu o enquadraria.

— Agora colem na sua tela e fiquem olhando, até terem uma ideia que aperfeiçoe essa. — E voltei a me sentar.

O conceito era construir sobre as ideias dos outros até chegar a um conjunto de propostas além do óbvio. Uma ideia em cima da outra, como um *post-it* gigante.

No final, era só refinar o que obtivéssemos: e se a Corp realocar funcionários? E se a Corp investir em uma tecnologia diferente? É assim que um novo modelo surge, pensando no cenário e no contexto, equilibrando o esforço e a empatia.

— X, mas eu estou muito confusa — Ouvi Maria dizer, sentada em frente ao seu computador.

— Por quê? — Aumentei meu tom de voz.

— Minha ideia é treinar os funcionários antigos. A do Mateus é investir em uma tecnologia mais prática. O que é mais prioritário?

Pelos burburinhos, percebi que essa era a dúvida de muitos.

— Na verdade, eu poderia sugerir, de primeira, que a gente treinasse funcionários de uma maneira mais rápida, na mesma tecnologia, mas com um sistema de checagem diferente; como uma junção das duas coisas. Porém, vamos sempre pensar primeiro no que é mais importante agora, o que depende do contexto. A empresa não tem dinheiro para comprar um software novo, tem?

— Talvez um patrocinador? — Mateus disse.

— E se tornássemos maiores alguns cargos da empresa, para liderarem esse novo sistema? — Maria pensava em voz alta.

— É algo nesse sentido. Não podemos gastar; então, temos aí uma ideia prioritária.

— Eu acho isso muito difícil... — Era Iago, que havia falado baixinho enquanto encarava seu *post-it* em branco.

— Por quê? — Eu agachei ao seu lado, tornando nossa conversa quase privativa.

— Eu não sou criativo — ele me respondeu.

Eu sorri. E, justamente por isso, ele levantou uma sobrancelha, questionando minha postura.

— Iago, por favor, me lembre: você faz parte de qual área aqui mesmo, você faz o quê? Não me recordo muito bem... — perguntei, tentando usar a minha maior habilidade como ator. Eu queria que ele pensasse.

— Cuido da conta financeira das empresas que fecham novos contratos conosco.

— E tem muitos problemas nessa área?

Ele riu, como se a resposta fosse óbvia.
— Incontáveis.
— Se você vive solucionando problemas e passa o dia todo pensando nisso, por que tem o paradigma de que não sabe ser criativo? — eu o questionei sinceramente.

Sua resposta me fez gargalhar, quando ele falou "Boom!" e fez um sinal com as mãos como se sua cabeça estivesse explodindo. Por mais que eu quisesse a glória desse pensamento, foi com David Keller que aprendi sobre a questão da confiança criativa própria.

Antigamente, muito possivelmente na década de 1960-1970, os publicitários e os diretores de arte eram os criativos. De repente, o "Zé da esquina" tornou-se alguém com voz.

> **Dependendo da corporação, um funcionário pode ensinar ao seu líder ou sugerir algo como se não existisse uma pirâmide de classes. Mesmo no século XXI, nos esquecemos disso.**

Não importa quão evoluída uma pessoa seja ou quão confiante seja o modo como ela se porta, novas ideias sempre causam estranheza. Todo ser humano vive o paradoxo de querer mudanças e ter medo delas.

A verdade é que nosso jeito de pensar tem tudo a ver com a forma como nosso cérebro opera. Considere que o cérebro, que é parcialmente composto por gordura, tem como uma de suas prioridades poupar energia. Essa economia de energia é crucial para a nossa sobrevivência em um ambiente em constante evolução. Agora, imagine se todos nós fôssemos programados para buscar mudanças constantemente. A realidade é que, se não houvesse diversidade nas nossas atitudes e desejos, especialmente em relação a mudanças, o mundo seria um caos. Essa diversidade, incluindo a resistência à mudança de alguns, é o que nos permite evoluir de forma equilibrada. Nossa tendência natural de evitar o gasto excessivo de energia nos leva a questionar e, às vezes, resistir à mudança. Mas é exatamente essa tensão entre conservação e inovação que impulsiona o progresso.

Por isso, eu até acho bom ter aquela voz contraditória, pois é assim que se instrumentaliza uma ideia. Da mesma maneira, se quisermos que alguém considere o que estamos falando, precisamos explicar com fatos para, talvez, gerar uma mudança.

Antigamente, muitas vezes me via sozinho, pois questionava uma inovação ou pedia um favor com o intuito de ver melhorias e recebia, como resposta, *"estou com pouco tempo, é rápido?"* ou *"preciso fazer outra coisa"*. Ninguém sai do outro lado se ninguém segurar a mão de ninguém. Foi quase bonito ver a movimentação do escritório inteiro naquele dia.

Por isso, o final do expediente foi em uma sala de reunião, somente para agradecer.

Mas foi nesse momento que surgiu a "voz" do diabo.

— Eu ainda acho que a ideia de criar um novo sistema de checagem de produtos é uma viagem na maionese — disse alguém, cujo nome até prefiro não citar. Precisei relembrar o óbvio.

— No ketchup também! Todo mundo aqui só tá trocando uma ideia. Ainda vamos entender se faz sentido, vamos afunilar juntos. Mas eu te pergunto, por que não? Precisamos olhar com os óculos do *"por que não fazer isso?"*.

Pode parecer, mas não é uma visão romântica. Eu só queria que as coisas se materializassem e saíssem do papel. Não queria a pressa da entrega, da cobrança e da organização contratual. Queria a empatia de não julgar a minha própria ideia e nem a do outro.

— Eu acho que, já que estamos aqui, vamos fazer uma parada massa — disse Lucas.

Fiquei orgulhoso de ver. O pássaro estava batendo as asas e destruindo a gaiola. Que voasse logo! Eu estava ansioso.

Não fui eu que disse, mas sou eu que estou agora sintetizando e fazendo uma releitura das palavras sábias de Carol Dweck. Dicas para um brainstorming inteligente, que poupe tempo e foque em ideias principais:

» Tenha empatia consigo mesmo e com o próximo, para não julgar o pensamento e a ideia de ninguém — nem as suas. Tudo é válido. Tudo pode ser.
» Fale sobre você. Mesmo quando for difícil se expor.
» Crie afinidade. Conexões mudam ambientes.
» Acompanhe a conversa. Ideias se complementam, somam e evoluem.
» Ouça. Mesmo uma fala sobre si pode ser um insight transformador.

Estávamos, finalmente, chegando a algum lugar.

CAPÍTULO 18

MATERIALIZAÇÃO

"Eu estou sempre fazendo aquilo de que não sou capaz, numa tentativa de aprender como fazê-lo"

(VINCENT VAN GOGH)

De meu ponto de vista, a materialização é a fase mais desafiadora de um projeto. É ver a inovação sair do papel e criar vida como uma obra-prima. Naquele dia, não tínhamos obra alguma, nem prima, nem parente de qualquer tipo. Minha vontade era de perguntar à sala:

— Pessoal, vocês entenderam ou querem que eu desenhe?

O silêncio era estarrecedor. Mas negaram que havia necessidade de ajuda. Deixei a sala pensativo, quase triste. Ninguém parecia ter saído daquelas quatro paredes com grandes ideias.

O *Project Sprint* pedia que criássemos um protótipo a partir das ferramentas. Talvez um storyboard[4], encenação ou algo que nos fizesse enxergar aquilo que seria seu usual. Podia parecer ainda mais complicado, mas o fato de não ter um pré-requisito técnico básico era ainda melhor para nós. No final, só precisávamos da criatividade.

---

4 Storyboard ou "esboço sequencial" é uma série de organizadores gráficos, tais como ilustrações ou imagens em sequência, com o propósito de visualizar, previamente, um filme, animação ou gráfico animado, incluindo elementos interativos em websites.

E foi exatamente assim que eu tive uma brilhante ideia, bem no meio do expediente.

Às vezes, eu me enxergava como um cara normal, que apenas tinha vontade de vencer na vida. Em outros momentos, tinha completa noção que me faltava um parafuso. Ou alguns.

Durante meu horário de almoço, fui sozinho comer no shopping. Antes de voltar para o escritório, passei em uma loja de brinquedos. Gastei uma grana — e ainda bem que existe o cartão de crédito e o parcelamento brasileiro.

Convoquei outra reunião e, propositalmente, usei um tom extremamente sério. Não sorri nem sequer brinquei com alguém. Todos entraram temerosos. Esperei que se sentassem e, como se tivesse ensaiado, joguei as sacolas da loja de brinquedos na mesa. Finalmente sorri, parando de esconder meu sentimento de euforia.

— Lego?! — ouvi, quase em uníssono.

— X, me desculpa. Mas eu não vou usar, eu tenho mais coisas para fazer do que brincar.

Como supervisor, eu poderia ficar chateado com a recusa. Apesar disso, entendi que a reação era parte do que eu vinha construindo, um ambiente sem julgamentos e de igual para igual.

Não respondi. Ninguém falou nada, mas eu sentia os olhares de interrogação que uns lançavam para os outros. Será que eu havia ficado louco de vez? Para que não houvesse desistências de verdade, eu me movia rápido, tamanha a animação que sentia.

Distribuí todas as peças na mesa, agora já fora de suas embalagens.

— O pessoal da Lego diz que as mãos falam. Vamos deixar fluir. Cada um vai pegando a quantidade que achar necessária. Montem o que estão sentindo ou pensando.

A ideia era simples. Não havia regra, era só criar. Qualquer coisa. Um a um, até os mais relutantes foram pegando uma ou outra pecinha. Eu tinha dois objetivos: quebrar o gelo e ajudar na facilitação de conflitos, ajudar a pensarem que havia alternativas no projeto e alinhar o time em seus objetivos.

Quando vi, tinha gente gargalhando das suas invenções. Havia quem ajudasse o outro a criar, e até mesmo alguém construindo um sistema de padrões, dividindo as peças em subgrupos de peças menores, maiores ou mais compridas. Quando senti que todos estavam envolvidos, pedi que parassem.

— As soluções para empresas que fecham contratos conosco são exatamente assim. Precisamos pensar na perspectiva de quem vai utilizar o projeto, ou seja, os clientes de nossos clientes. E também enxergar o mundo de nossos clientes. Mas, para criar isso, vai mudar o orçamento? A abordagem? Em nossas mãos, temos o poder de mudar tudo.

Continuei explicando que a materialização nada mais é do que o processo de instrumentalizar isso. Todas as pessoas envolvidas no projeto precisam ter a percepção das diversas perspectivas, e estaríamos ali para tirar as suas dúvidas até não restar mais nenhuma.

Aliás, arrisco dizer que não há mais gerente de projeto, é um trabalho coletivo. Ainda que o *Project Sprint* facilite, o planejamento é geral. Mudar a história de alguém engaja muito.

— Eu estou tão feliz com o que estamos fazendo. Tem sido tão legal e divertido! — falou Clara.

E eu sabia que ela estava falando de sentimentos para além do Lego.

Quando o cara começa a entender o que é materializar, a história muda. Viramos a página. Juntos.

Há uma linha tênue e, mesmo assim, muito distante entre materializar a ideia e materializar no processo. A última opção é muito mais engessada. Portanto, o maior desafio dessa etapa é fazer as pessoas saírem dos protocolos.

Porém, nem sempre é fácil. Estrategicamente, acredito que não há por que explicar ao cliente o passo a passo por trás da criação. Nossa função é elaborar a solução e propor a primeira entrega, que deve mostrar como é que vai funcionar o produto ou projeto final.

Se a gente sai do 1 + 1 = 2, todo mundo vai julgar.

> Sair do óbvio é enfrentar o medo de mudança das pessoas ao seu redor. Seja um colega de trabalho, seu chefe ou seu cliente. Mas esqueça isso. O importante é não tirar os olhos do objetivo.

Podem até dizer que estamos só brincando, mas tudo tem um porquê. Não é à toa que usamos materialização e ferramentas lúdicas. Tangibilizar é sair do *post-it*, é transformar a materialização conceitual em uma espécie de esboço físico inicial. Vamos daqui em diante, vamos além.

É quase óbvio, mas materializar uma ideia traz possibilidades não usuais. Posso experimentar, testar, até inventar algo que não exista e atingir o objetivo desejado pelo cliente. O que importa nessa fase é que todos os envolvidos falem: "agora eu vejo como vai funcionar".

É a hora de testar se aquela perspectiva (ou solução) vai funcionar. Não é o produto ou projeto prontos, é só a casca. O resultado prático é um processo de aprendizado rápido sobre o que será aquela proposta, uma instrumentalização mínima, visual e conceitual para ser elaborada.

O fato é que, quando materializo para pessoas, elas entendem. Queremos inovar e fazer sentido a ponto de, muito possivelmente, ouvirmos:

— Cara, por que não fiz isso antes?

CAPÍTULO 19
ELABORAÇÃO

> *"Quem dera eu achasse um jeito de fazer tudo perfeito, feito a coisa fosse o projeto e tudo já nascesse satisfeito"*
> **(PAULO LEMINSKI)**

Naquele dia, o céu estava azul e sem nenhuma nuvem. Eu sentia uma brisa suave que me lembrava a praia. Não sei se era meu humor, mas o dia parecia sorrir. Como se comemorasse conosco a entrega do projeto.

Ao entrar na XPTO, havia balões coloridos distribuídos pelo local e todos pareciam sentir o mesmo. Era a entrega de um trabalho duro, feito com carinho e muita conexão. Dei bom-dia animado, no mesmo tom em que eu o recebia, reprimindo o meu desejo de gritar de felicidade, e me sentei à minha mesa.

O caminho até ali havia sido longo e extremamente desafiador. Lembrei-me do que precisei enfrentar para mudar a gestão da empresa e o quanto lutei para defender meu ponto de vista. Que, claro, não era só de vista, mas de vida.

O projeto da Corp pareceu que nos engoliria, juntamente com nossos empregos. Foi quase impossível elaborar o projeto deles quando queríamos escolher abordagem e metodologia diferentes do que estavam acostumados. Como fugir de preencher *template* e cronograma, se a própria firma só valida tudo dessa maneira?

A resposta é bem simples: tangibilizando o resultado e utilizando as habilidades que temos disponíveis. O que teremos como resposta, construindo dessa maneira? O que eu tenho que fazer para chegar nessa proposta?

Não sou engenheiro ou arquiteto, mas tenho plena consciência de que há uma ordem para fazer uma construção. Desafiando as leis da vida como ela é, queria te perguntar o mesmo que precisei questionar, no trabalho com a Corp: *"por que, muitas vezes, pensamos que há somente uma forma de fazer algo?"*.

Lembrei-me de todos os momentos em que ouvi alguém perguntar se conseguiríamos implementar o que planejávamos. Se eu pudesse enumerar, conseguiria nomear mais de dez pessoas. De uma maneira positiva, também conseguiria dizer quantas vezes eu ouvi exclamarem que queriam sempre trabalhar dessa maneira! Às vezes, mudar parece muito difícil e desistimos, mas há sempre a possibilidade de se criar uma alternativa. Aos poucos, mudamos o rolê.

> Um enorme desafio é tentar fazer um modelo do projeto, produto, serviço ou experiência em condições normais de temperatura e pressão. *É necessário ter o freio nos pés para não ir longe demais na empolgação.*

Durante a evolução, tenha em mente que é necessário sair do zero para o um. Se quisermos ir do zero para o treze, repentinamente, a transformação pode não fazer mais sentido. Um negócio megalomaníaco pode criar um projeto maior e deixar o inicial sem solução. Às vezes, as pessoas querem criar um Frankenstein.

Não dá para radicalizar em relação a isso. Até porque corremos o risco de tendermos à construção de um mundo perfeito impossível. Por essa razão, pensamos em soluções ágeis e já existentes na própria Corp, ou seja, em otimizar o que existia para criar algo novo.

Na prática, se agirmos tanto de forma diferente como de maneira clássica, ainda poderemos construir a jornada inteira, sempre observando se o retorno vem em resultado tangível. Se acontecer de não dar em nada, o sistema operacional não foi mudado. É fundamental mudar o sistema de trabalho para as coisas acontecerem.

Mas lembre-se, em todo momento, da premissa principal: foda-se o processo.

Pode doer ler, mas é importante que você saiba: todo mundo julga e todo mundo tem conceitos prévios sobre quase tudo. Por mais sábia que a pessoa seja, por mais evoluída que pareça uma empresa, vai acontecer. Tudo é uma questão de contexto. Mas conceitos mudam.

Há ocasiões em que eu queria ter câmeras nos olhos para eternizar certos momentos em fotos. Assim como há coisas que aprendi que gostaria de ter tatuadas, com tinta marca-texto, dentro da minha cabeça. Eis aqui uma delas:

> **Na elaboração de um projeto, ainda mais do que na idealização, corremos o risco de fazermos o que queremos.**

A verdade é: foda-se aquilo de que gostamos! Estamos falando sobre o que o cliente precisa. Por isso, estudar o contexto é tão essencial para entender o que vai gerar valor para ele. Deixe sua opinião de lado, ao menos por uma questão técnica.

Pode parecer estranho ou bizarro, mas, se for preciso, "hackeie" a cabeça de alguém. Caso perceba que o cliente ou algum colega está pedindo o que não é necessário, caminhe com ele, para que a experiência o ensine. *"Eu preciso de ajuda aqui, pode me ajudar a tentar fazer?"*

Essa reunião era diferente de todas as outras desses quase dezoito meses. Olhei ao meu redor e vi o rosto de cada pessoa que fez o projeto ter vida, no mundo real. Era um encerramento de ciclo para nós, assim como para Lúcia e os outros sócios da Corp.

Com certeza, cada um encarava esse momento de uma maneira. Em mim, havia um misto de sentimentos; um deles era orgulho. Não a soberba de achar que era melhor do que outra pessoa, mas a honra de ver que havia dado certo. Todo o movimento que eu comecei, a duras penas, havia florescido em cada um.

Nunca havia sido nada menos do que eu mesmo. Foram muitos *"caraca, bicho, isso está ficando uma merda!"* até ouvir Lúcia dizer:

— X, eu só queria arrumar algo que me incomodava no montante financeiro da empresa, e vocês transformaram tudo.

— Eu consegui entender que vocês foram além da ferramenta — falou Leonardo, o outro sócio da companhia deles.

Além de não focar apenas a ferramenta, nosso trabalho havia sido tão bom que o cara conseguiu entender a abordagem!

> As empresas buscam constantemente por um playbook, a "fórmula mágica" para o sucesso. Porém, a solução real, frequentemente ofuscada, vai além de um simples passo a passo. É mais profunda, exigindo uma adaptação às complexidades da vida empresarial. A verdadeira eficácia reside na nossa habilidade de aceitar a incerteza e agir com criatividade diante dos desafios, mais do que em seguir qualquer fórmula predefinida.

A apresentação foi um sucesso, principalmente porque eles já haviam testado o formato antes. Não houve uma única objeção. Praticamente tudo o que falávamos era acatado como verdade. E, de fato, era — uma verdade extremamente fluida de se transmitir.

Às vezes, achamos que o caminho é todo estruturado. Ou melhor, compramos essa falácia que já nos venderam e a tomamos como verdade. Mas a estrada é tortuosa, nebulosa e cheia de obstáculos. O importante é acreditar que você vai sair do outro lado.

Quando encerramos a reunião com sorrisos, abraços, apertos de mão e um novo contrato milionário fechado, me lembrei do que costumava falar o tempo todo:

— No final, tudo vale a pena.

Começamos a noite, em casa, em uma harmonia deliciosa. O clima era de festa. Para as meninas, papai havia conseguido algo que queria muito. Para Juliana, o marido havia realizado o que sonhou junto com ela e conseguiria dar à família uma vida melhor. Foi delicioso pedir um banquete de comida japonesa, jogar cartas ao som de várias risadas e assistir a um filme, todos juntos.

Acordei de madrugada, com a televisão ligada em tela azul e as meninas da casa deitadas em posições diversas, em um sono profundo. Levei minhas filhas para o quarto e as cobri com delicadeza. Dentro de mim, um sentimento que, de início, tive dificuldade em reconhecer.

A XPTO estava a todo vapor, havíamos superado as expectativas do cliente e ganhamos um contrato milionário que favorecia muito a empresa. Mas, às custas de quê?

Encostei no batente da porta da sala e observei minha esposa dormir. O meu amor de carnaval. A menina que conheci na micareta e que não consegui tirar da cabeça até que se tornasse minha namorada. O amor da minha vida.

Como se percebesse meus pensamentos, ela abriu os olhos e se sentou no sofá. Sondou ao redor, como se tentasse entender onde estava — talvez pelo efeito da garrafa de vinho branco que havíamos bebido, inteira, algumas horas atrás. Ela me encarou, superexpressiva, levantou uma sobrancelha e perguntou baixinho:

— O que você está fazendo?

Eu não queria dizer que questionava a minha motivação e meu equilíbrio entre trabalho e família pela milésima vez. Eu sorri e fui até ela correndo, pegando-a no colo para levá-la ao quarto:

— Resgatando tudo o que eu tenho de mais precioso.

Ela riu com a brincadeira. Mas, dentro de mim, eu sabia que falava sério.

A XPTO estava em festa. A comemoração já havia começado durante a enorme mesa de café da manhã que Hermano, o dono, havia mandado preparar. Todos comiam bem e conversavam sobre a vida, uma vez que o maior desafio corporativo parecia ter sido vencido. O clima era leve. Por um momento, nem parecia que estávamos no trabalho.

Vi Hermano andar até a lousa, a mesma onde eu costumava desenhar carinhas felizes. Naquele dia, alguém já havia rabiscado um sorriso antes de mim. Pequenas mudanças podem virar hábitos. Sorri. Ele fez um discurso motivador, parabenizando a todos pela união, coragem e resiliência; agradeceu-me pela nova abordagem; e propôs um brinde com a taça de champanhe que todos recebemos.

Sem que eu esperasse, pediu-me que celebrasse com algumas palavrinhas. Eu tinha muito a dizer, mas, na hora, só consegui agradecer.

— Lembrem-se que vocês são humanos. Está tudo bem... podem chorar. Em algum momento do projeto, pode dar merda. Mas tenham em mente que, se vocês fizerem seu melhor — e, no final, entregarem resultado —, vocês serão incríveis. Algumas pessoas vão enxergar valor, outras não... para elas, foda-se. Façam sentido.

Em meio ao novo brinde, sons de alegria e uma salva de palmas, misturei-me com a multidão. Senti alguém me puxar levemente pelo cotovelo e percebi que deveria seguir Hermano até sua sala. De maneira automática, ele se sentou e pediu que eu me sentasse à sua frente. Eu já sabia o que conversaríamos e, para ser sincero, esperava que partisse dele. Eu queria muito isso e ele percebeu.

— Você já sabe, não é?

Eu assenti.

— X, você é muito maior que a XPTO. Eu te vejo grande... gigante. Além dessas quatro paredes que não são suas. Você precisa conquistar o seu espaço. Voar alto. Mudar a vida de muita gente. Cuidar da sua família com o tempo disponível que quiser. Fazer o que tiver vontade. Você não precisa mais de mim. Por tudo isso, eu preciso te demitir.

Depois de anos naquela jornada, eu havia saído do outro lado. Percebi que havia muitos outros caminhos para atravessar.

Eu concordava com Hermano. Evoluí a ponto de precisar crescer mais do que a XPTO poderia me oferecer. Era triste despedir-me de um lugar onde vivia como se fosse minha casa, onde amava de verdade as pessoas. Mas eu não podia mais continuar naquela caixinha.

Nem um salário maior poderia me fazer ficar, porque não é grana o que me faz viver mais. Por que eu ia querer mais dinheiro, se não tinha tempo para desfrutar dele? Há momentos da vida em que precisamos parar para refletir o que está valendo a pena e aonde queremos chegar. Estamos indo com quem amamos? Tem mais gente lá fora precisando daquilo que eu posso oferecer? Por que eu quero conhecimento só para o meu próprio crescer?

O processo que vivi me fez refletir a ponto de minha mente fervilhar com alternativas. Eu deveria usar o valor da demissão para abrir um negócio próprio? Será que estava pronto para isso? Como poderia ensinar, para mais pessoas, aquilo que aprendi? De repente, o mundo tornou-se uma bola enorme de opções.

Antes de ir embora com minhas coisas, Júlio, o gestor de TI que, no início, era relutante às minhas ideias, veio para me dar um abraço. Com os olhos cheios de lágrimas, ele disse:

— Você não sabe o quanto você transformou a minha vida, X. Acho que a sua missão é fazer as pessoas aprenderem enquanto fazem. Você já parou para pensar nisso? Pela primeira vez em minha vida, estou me sentindo preparado para assumir o próximo desafio que surgir.

Eu poderia até pensar que era um "sambarilove", mas Júlio tinha emoção no que dizia. Ele não sabia, mas, naquele momento, também mudava a minha vida.

Seja na matemática ou na vida coloquial, X é uma variante. *"Eu vou te falar X coisa e você vai entender"* ou *"Ache o X da questão"*. Fazendo parte de um conjunto de elementos, o X tem a oportunidade de diminuir, ser igual ou evoluir. Igualzinho a mim.

X é grande, é pequeno, X é infinito. Embora cheio de opinião nessa história, X é o que você quiser que ele seja. Pode ser um número. Mais um na multidão. Ou, se você parar para pensar um pouquinho, vai perceber que muito do X sou eu. Na verdade, é engraçado como ele muda. Dependendo de onde estiver, X não gosta de ser sempre igual; ele não consegue.

X tem ânsia de ser. *"Quando foi a última vez que se olhou no espelho?"*, ele te questiona. *"O que você quer da vida?"*, ele não esquece. X é livre. X foi viver. X parte, sabendo que não importa o que vai ser dali em diante. Ele vive em mudança, ama transformação. Mas hoje ele sabe:

— Não importa aonde for, não estarei sozinho.

X vive, na verdade. Não sei quando (ou se) você reparou, mas X estava ali o tempo todo. Você sempre o conheceu, antes mesmo dessa história.

X também é você.

EPÍLOGO

SOU E FAÇO A DIFERENÇA

Não existe alguém que se desfaça de uma parte de si para fazer um bom trabalho. Somos seres inteiros. O Eduardo escritor é também o administrador, o gestor de pessoas e o responsável pela evolução da FWK.

Também é o mesmo Edu que ama viajar, que adora aprender coisas novas, que gosta de beber cerveja e tenta andar de skate. E — por que não dizer também? — um marido apaixonado, um pai que desenha com as filhas no restaurante, um filho amado, um amigo fiel e tantos outros adjetivos que me tornam eu mesmo.

Todo conteúdo de gestão pede para que deixemos de lado as questões pessoais (justamente para que não nos envolvamos demais com as pessoas). É claro que é necessário um equilíbrio entre os seres humanos e as metas, entregas e resultados, mas não há como trabalhar com pessoas sem ser uma pessoa.

> Um gestor é uma pessoa que se conecta, que sente, que empatiza, que encoraja, que desafia e que, principalmente, vive.

Eu não consigo evitar colocar todo o meu ser em jogo. Sou incapaz de criar um personagem que exista somente no ambiente corporativo e que se desmanche ao pisar novamente na rua. Por isso, a primeira coisa que espero é que você, que leu esse livro, perceba o seu valor, exatamente sendo quem for e exatamente onde quer que esteja. Deixo aqui uma nota mental para todos: há uma saída do outro lado de qualquer jornada.

Cada mundo particular tem um conjunto de pessoas desejando mudança. E, às vezes, elas só não conseguem porque estavam enxergando errado ou precisando encontrar o espaço certo.

Por aí, a narrativa atual é do *playbook* de sucesso: a tal metodologia que vai mudar o rolê. Mas, nesse mundo de possibilidades, eu quis fugir do óbvio. Não é um passo a passo, é um universo onde você mergulha e, de repente, se encontra; é um pequeno guia para quem já está submerso.

Sempre gostei de ser provocativo, de ser um agente de transformação. Talvez escrever o que todo mundo escreve fosse mais fácil. Mas arriscar, dessa maneira, mesmo com a possibilidade de julgamento, era o que eu podia fazer.

Entenda que é uma jornada: o início humilde, o trabalho intenso, o foco, os picos de trabalho extra, a perspectiva de entrega, a fluidez, as objeções diárias. E o equilíbrio com o sonho, o materializar em conjunto e o sentido naquilo que fazemos. São anos construindo esse aspecto e ainda sinto que tenho muito a caminhar. Nada acontece de um dia para o outro.

Como um sujeito em transformação, posso citar Raul Seixas e dizer que também sou uma "metamorfose ambulante". Em outras palavras, continuo tendo meus preconceitos; minhas questões pessoais; meus limites internos; meu jeito de voar e continuar com os pés no chão, ao mesmo tempo.

Para quem vive mudando, lidar com pessoas é a melhor e a pior coisa da vida. Ainda assim, os aspectos difíceis não têm a ver com o próximo, e sim comigo. O desafio sempre parte de entendermos a questão do outro — mesmo quando alguém não se conecta à jornada; pois há quem não a compreenda. Mas tudo bem. Não há nenhum problema nisso. Ainda assim, precisamos ter conversas adultas e francas, diretas, inclusive com nós mesmos. Quando somos diretos, há quem compreenda e quem não, e tudo bem.

Eu sei que estamos na era digital, em que celulares vivem no silencioso, ligações de números desconhecidos quase nunca são atendidas e mensagens no aplicativo podem ser sucintas e objetivas, mas eu sinto falta de quando ligava para as pessoas e dizia:

— Vamos bater um papo?

Conversar olho no olho é sentir quem fala. Uma mensagem editada ou um áudio regravado dificulta a comunicação diária. Não seria essa, talvez, a nossa versão on-line?

Não há nada tão prazeroso quanto lidar com as pessoas. Quão triste seria a vida se fôssemos "serumaninhos" sozinhos...

Ainda assim, é válido lembrar que o mundo empreendedor e corporativo é uma eterna tomada de decisões.

Pessoas são conectadas em um caminho e, por mais diferentes que sejam, precisam seguir o mesmo objetivo. Elas não podem ser contaminadas pelos problemas que deveriam solucionar. Uma coisa é ser empático. Outra, é ser romântico.

Não acredito em coincidências. Em O *Pequeno Príncipe*, aquele livro infantil que hoje enxergo como também adulto, Antoine de Saint-Exupéry diz que ninguém que passa por nós segue sozinho, mas deixa um pouco do que é e leva também de nós. Ensinamos e aprendemos. Sem ordem definida.

> Ninguém perde por ser genuíno, verdadeiro e empático. É assim que elevamos nossos valores. A prática da empatia nos abre um mundo de possibilidades. É um ciclo.

Por isso, gostaria de encerrar pedindo que você cresça e trabalhe fielmente para isso. Mas, não importa o quanto o faça, não esqueça de focar as pessoas. Afinal, você é uma delas.

CASE DE SUCESSO – CTG BRASIL

De acordo com diversos autores estudiosos da área, no atual contexto dinâmico e globalizado, caracterizado pelo progresso tecnológico e pelo compartilhamento ilimitado de conhecimento, empresas de diferentes tipos e tamanhos precisam passar por mudanças e adaptações para que sejam sustentáveis e competitivas a longo prazo.

Em âmbito organizacional, o uso intenso de tecnologias digitais para melhorar o desempenho e a eficiência operacional é, hoje, uma das principais ações na promoção de mudanças suportada por uma mudança na gestão e *soft skills*. Essa busca por digitalização é frequentemente denominada como "transformação digital" e é compreendida, ainda, como a integração de tecnologias digitais a todos os aspectos e atividades da organização, tendo potencial para mudar, substituir ou transformar fundamentalmente suas operações, produtos e processos. No *case* aqui exposto, pode ainda ser a base da mudança necessária no setor de energia.

Nesse contexto, a CTG Brasil criou o *Digital Innovation Lab* (DIL) para acelerar o seu processo de mudança e fortalecer a sua cultura de inovação. O DIL é um laboratório de inovação corporativa que surgiu com o objetivo de apoiar a jornada de transformação digital da companhia, acelerar a cultura de inovação interna, fomentar inovação aberta, trabalhar novas abordagens de gestão, ser um *hub* para as demandas e oferecer soluções para os desafios organizacionais, sendo oriundo de um projeto de P&D regulado pela Agência Nacional de Energia Elétrica (ANEEL), vinculada ao Ministério de Minas e Energia.

Para tanto, a CTG Brasil estabeleceu uma parceria com o programa de inovação aberta chamado *LinkLab*, que faz parte da Associação Catarinense de Tecnologia (ACATE), entidade de renome nacional, com mais de 1.600 empresas de tecnologia associadas, que busca apoiar o ecossistema de inovação, gerando conexões que fortaleçam o setor de tecnologia.

A ACATE, por sua vez, convidou a FWK para ser agente de transformação e realizar a gestão do DIL com os gestores da CGT Brasil.

A FWK *Innovation Design* é uma consultoria que atua com o design de inovação, com uma abordagem própria de gestão centrada em pessoas — o *Project Thinking*®. Em conjunto, trabalhamos na construção colaborativa de um *framework* de gestão, apoiando o DIL na compreensão e cocriação de desafios, desenho de estratégias de inovação e na materialização das soluções encontradas, adequando-as à realidade da CTG Brasil.

A CTG Brasil é uma subsidiária da *China Three Gorges Corporation*, uma empresa estatal de energia da China, que atua no segmento de geração e comercialização de energia elétrica no Brasil. Desde o seu nascimento, em 2013, através da plataforma de investimento na América Latina, a CTG vem se modernizando, em onze parques eólicos no Sul e Nordeste, e o DIL contribuiu muito.

Em agosto de 2019, iniciamos o projeto em parceria com a ACATE. O DIL previa o desenvolvimento de uma metodologia ágil e adaptativa, com foco em soluções de tecnologia da informação, para dar suporte à gestão operacional, gestão de ativos, gestão corporativa e operação e manutenção de ativos de geração. Integramos um laboratório de inovação tecnológica conectando-nos ao ecossistema de inovação, permitindo criar produtos, soluções e negócios com maior velocidade e menor custo. Finalizamos o projeto em fevereiro de 2023, e posso dizer que ele transbordou todas as perspectivas!

Nosso primeiro projeto foi o desafio lançado pela área de comunicação da CTG Brasil, que era integrar os mais de 1.200 funcionários. Dentro da nossa compreensão, essa missão tinha um nível alto de complexidade, pois era preciso conectar todas essas pessoas, preparando algo que ajudasse os colaboradores a terem uma melhor comunicação e organização.

Rapidamente colocamos o *Project Sprint®* para rodar: um método imersivo, que combina talentos, na experimentação de novas soluções para problemas prioritários. Ele pede a criação de equipes multidisciplinares temporárias e a utilização de estratégias ágeis para a finalização de um desenho visual do pré-projeto de forma colaborativa. Assim surgiu o projeto Portal Intranet.

O Portal respondeu à demanda dos colaboradores internos e de terceiros, que precisavam compartilhar informações relevantes de forma ágil, confiável e personalizada.

Para isso, sugeriram o desenvolvimento de uma plataforma de comunicação web e *mobile*, que deveria proporcionar buscas inteligentes, bem como permitir a colaboração com conteúdo em vários formatos e em dois idiomas (português e inglês). Até aqui tínhamos materializado, juntos, "o quê" e "como" seria o projeto. Agora, tínhamos que escolher entre fazê-lo com uma equipe interna da CTG (o que certamente levaria um tempo muito longo de desenvolvimento) ou buscar no mercado uma startup com esse know-how e que pudesse aproveitar a estrutura interna da CTG (as licenças da Microsoft).

Assim, convocamos startups para um evento chamado *Solution Day*. Em rodas de conversa, procurávamos uma solução já existente que desse *match*, atendendo à necessidade do cliente. Ou, ainda, empreendedores dispostos a fazer um *market fit* dos seus produtos.

9
Startups
Inscritas

6
Startups
Selecionadas

1
Startups
Aprovadas

No *Solution Day*, a banca de avaliadores tem, em suas mãos, alguns critérios para avaliar. São eles:

1. Grau de aderência: qual o grau de aderência do produto/serviço às necessidades demandadas pela CTG Brasil?

2. Equipe da empresa: a equipe da empresa demonstrou ser qualificada e tem experiência?
3. Conteúdo inovador: a empresa apresentou uma ou mais qualidades, conforme o conceito acima?
4. Potencial de mercado: o produto apresentado tem potencial para não só resolver o problema da CTG Brasil, mas para atender às necessidades do setor elétrico?
5. Relação custo/benefício: existe um benefício econômico aparente na redução de custos e recursos investidos?

Dessa forma, selecionamos uma startup que desenvolveu o conceito de intranet. baseado nas dores percebidas na imersão do *Project Sprint* junto aos *stakeholders* (internos e externos). O produto hoje tem muita relevância para os colaboradores e sanou as dores relatadas pelas pessoas na imersão.

A partir desse projeto, tivemos um NPS (*Net Promoter Score*) de mais de 98% e podemos considerar que está na classificação "excelente", dentro da escala da metodologia. O NPS foi utilizado para definir o nível de satisfação das pessoas envolvidas no projeto do Portal Intranet, de acordo com a seguinte escala de classificação:

» Excelente: NPS entre 75% e 100%
» Muito bom: NPS entre 50% e 74%
» Razoável: NPS entre 0% e 49%
» Ruim: NPS entre -100% e -1%

O sucesso obtido nessa avaliação é dado pelo nítido engajamento das pessoas e pela condução sob a ótica do *Project Thinking*, que, aplicada ao projeto, trabalha muito fortemente a confiança produtiva e o propósito da resolução do problema com as pessoas.

A partir desse ponto, resolvemos criar uma estratégia de inovação, junto às lideranças da CTG Brasil, em um modelo mais clássico. Porém, obtivemos o engajamento necessário na criação de uma estratégia real e aplicável, mediante as lições aprendidas no projeto do Portal Intranet. E isso era exatamente o que queríamos: engajamento natural por meio de um propósito transformador massivo, com potência para mudar a cultura da organização e impulsionar os resultados. Baseado nessas lições, utilizamos o método do *GET Results* com base no *framework* do OKR (*Objetives and Key Results*).

O movimento de transformação cultural é complexo e centrado nas questões das pessoas de cada organização. Por isso escolhemos o OKR, pois ele, além de concentrar os esforços no que realmente importa, promove uma coordenação de iniciativas e estratégias baseadas no propósito descoberto na organização — o que nos possibilitou alçar novos voos dentro da CTG e manter as pessoas engajadas na cultura de inovação pelo simples fato de acreditarem no que faziam.

FONTE Berling LT Std
PAPEL Pólen Natural 80g
IMPRESSÃO Paym